ATAQUE

Y

CONTRAATAQUE

Quien No Lo Sepa: Está Perdido

Luis E. Martínez

ISBN-13: 978-1461010081
ISBN-10: 146101008X

Primera edición: 2011

A mis hijos: Roxiré y Aldo

ÍNDICE

ORDEN ESTABLECIDO

Un ataque puede originarse por casi cualquier motivación y en procura de casi cualquier objetivo, dándose el caso que estos generalmente van precedidos de lo que se considera una **razón suficiente** que amerite tal iniciativa. En la mayoría de los casos, los ataques son de tipo *ofensivo*, pero también pueden ser *defensivos*, y este se genera principalmente como respuesta a un ataque previo, por lo que aplican más para el contexto de **contraataque**, igual puede haber un ataque inicial con criterio defensivo, que muchas veces son de tipo *ataque preventivo*, y se generan cuando en una contraparte enemiga o aliada, se observan situaciones que estarían ameritando una corrección o neutralización en procura de evitar males mayores o ajuste de cuentas.

Las motivaciones que podrían justificar un ataque o contraataque, en ocasiones suelen ser muy confusas, y de esto se valen mucho los factores desordenados para procurar sacar provecho inescrupulosamente, lo cual equivale a aquello de "pescar en rio devuelto", y obviamente el objetivo de los factores de orden: consistiría en dejar sentado muy claramente, las verdaderas causas de las situaciones de las que generalmente se valen los desordenados, para pretender justificar lo que sería un ataque o contraataque contra el orden establecido o que pretenda imponerse.

Los métodos y factores de ataque en realidad no son muchos: entre ellos podríamos mencionar la guerra convencional, guerra de guerrillas, golpe de estado, elecciones populares, guerra civil, actos de terrorismo, ataques informáticos, ataque subliminal, etc. A estos se les podría agregar   las llamadas *revoluciones*, pero en realidad estas resultan inherentes a los métodos o factores anteriormente citados, pues igualmente se le llamaría una *revolución* a cualquiera de ellos, incluso a las circunstancias originadas mediante una elección popular, a la cual les da por llamar *revolución pacifica y democrática*, pero aun así: no dejan ser iguales o peores que los factores donde interviene la violencia o fuerza de ataque, mas por las consecuencias que por las causas, pues en una guerra convencional o guerra de guerrillas por ejemplo, prácticamente queda abierta la posibilidad de contraatacarles con métodos de fuerza, sin mayor motivación que la de precisamente haberse valido ellos de tales circunstancias para acceder al poder, o pretender hacerlo.

Pero en el caso de las llamadas revoluciones pacificas y democráticas, existen grandes vicios en el sistema, de interpretación de legalidad, legitimidad y valides, que hacen que erróneamente, los desordenados queden amparados por lo que en apariencia resulta el orden establecido y aceptado por todos, principalmente por los factores de orden, esto da pie a que por ejemplo, si un factor extremista accede al poder mediante elección popular, puede luego ejercer todo tipo de atropellos contra los factores de orden e incluso factores desarenados y no puedan ser neutralizados en tal propósito, pues según las aberraciones jurídicas existentes, a los desordenados en el poder los ampara el echo de haber obtenido mayor numero de votos que cualquier otro factor.

Aun así: los desordenados prefieren cambiar las reglas de juego, pues en realidad ser gente de orden no es su condición, y en todo caso, se encuentran en total desventaja frente a los factores de orden, igualmente por ser tales, sobre todo porque tarde o temprano les podría dejar en desventaja legal, el

5

hecho de perder mayoría electoral u otros factores, ellos hace que si por ejemplo: acceden al poder legislativo mediante el voto mayoritario proporcional de la población, cambien luego esta regla e impongan una nueva regla, donde el poder no meseniamente se decida mediante el voto proporcional mayoritario de toda la población, sino mediante el voto proporcional de solo algunos sectores, pero cuidando que estos sean donde ellos ha podido conservar el mayor numero de seguidores, logrando que en ocasiones con el voto de solo unos pocos electores, consigan mayoría parlamentaria sobre otros factores con mayor numero de votos y por tanto con mayor apoyo popular.

Aparte de este cambio de reglas, utilizan muchos otros métodos de ataque y neutralización contra los factores de orden, tales como el secuestro de todos los poderes públicos, entre ellos, los más neurálgicos, como el poder judicial, donde consiguen amañar a su favor todas las decisiones judiciales, concretamente los de fiscalía y corte judicial, a estos los refuerzan con el dominio de la contraloría y defensoría publica. Para rematar el dominio interno, se valen de grupos de choque que atropellan y amedrentan a los factores adversarios, incluyendo a disidentes que se retiran de sus causas, mecanismos electorales fraudulentos donde los adversarios no tendrían mayor injerencia, "lista negras" de opositores a sus causas con la intensión de ejercer extorsión y chantaje restándoles posibilidades laborales y de inversión, etc.

Como si esto fuese poco: procuran hacerse de un significativo lobby internacional, conformado por naciones con regímenes de la misma calaña, donde se brindan apoyo mutuo, en resguardo de las eventuales sanciones de los organismos y entidades internaciones que velan por un mejor orden internacional o al menos eso aparentan, lo que hace que la existencialidad de los ciudadanos de los países donde los desordenados consiguen ejercer dominio, sea muy traumática, incluso para la gran mayoría de los seguidores de estos regímenes, pues el apoyo mostrado casi siempre es producto de manipulaciones, extorción y chantaje, y también porque el grueso de esos seguidores, está representado por los ciudadanos de mayor precariedad intelectual y socioeconómica.

El resguardo no siempre se origina en el lobby internacional afín, sino que también de grandes adversarios ideológicos de los desordenados, pues existen serías limitaciones en cuanto a soberanía y libre autodeterminación de los pueblos, y bases legales de acceso al poder, convirtiéndose a veces todo el lobby internacional, en uno de los mayores obstáculos que le impida a los ciudadanos de orden, deshacerse de los extremistas, pues en caso de procurar la vía pacifica del voto, les resulta imposible por la amenazas, manipulación gubernamental, uso descarado de los recursos del estado, arreglo desfavorable de los reglamentos electorales y un control exclusivo de estos y si se procura la vía de fuerza, entonces actuarían los mecanismos internacionales, sobre todo los subregionales, con medidas de exclusión y aislamiento internacional.

Este tipo de actitud convierte a los factores internacionales, en cómplices de los regímenes tiránicos, cuyo única credencial de legitimidad, la representa el haber llegado al poder mediante mayoría electoral, desentendiéndose casi por completo de la aberraciones que cometan estos regímenes, pues siempre tendrían el atenuante de esta mayoría electoral, como motivo suficiente para

7

no actuar contra éstos, aun así: en caso de alguna iniciativa contra estos, los extremistas apelarían al factor de soberanía nacional, y esto igualmente representa una barrera casi imposible de superar en la mayoría de los casos, o si acaso resulta efectiva: sería luego que los extremistas hayan devastado al país donde actuaron, con la secuela de calamidades humanas y estructurales que han dejado.

De continuar este tipo de situaciones, se haría necesario advertir muy severamente a los factores internacionales cómplices de los regímenes desordenados, sobre las traumáticas situaciones a las que quedan expuestos, si estos no desisten de brindar apoyo irrestricto a cualquier régimen, que si bien estaría ocupado por factores que alcanzaron una mayoría electoral, el desenvolvimiento de estos aplica mas como una tiranía que como un régimen de orden.

Dentro de las más graves consecuencias que traerían las aberraciones que cometen tanto los régimen tiránicos y sus cómplices, estaría el echo que se le otorgaría legitimidad a factores de defensa muy radicales, pues no se estaría dejando otras vías sino estas, y en términos macro, no serían las ideales a primera mano, pero si lo resultan, a medida que las vías pacificas se encuentran colapsadas, como el echo donde todos los poderes decisivos internos son manejados al antojos de los desordenados, a la par que factores internacionales de peso, estarían en complicidad con estos.

Obviamente los factores desordenados actúan a su antojo, si sobre ellos no existe una fuerza superior que les haga desistir de sus propósitos, e incluso una fuerza de relativamente de menor peso pero de mucha contundencia, como es el caso de los **atacantes suicidas** y que incluso es un método muy utilizado por los extremistas para conseguir sus propósitos, pero que obviamente los factores de orden solo se valdrían de estos en casos extremos y contra distintos objetivos, principalmente solo de tipo material, procurando evitar daños humanos, sobre todo del tipo inocente, tratando de evitar también el factor suicida como tal, y en el mejor de los casos valerse del contexto de **atacante de alto riesgo**, pero no necesariamente suicidad, y esto no lo diferenciaría mayormente del *soldado convencional*, pues cuando estos se ven involucrados en combate, existe alto riesgo de ser dados de baja, pero no son necesariamente suicidas.

Aparte de emplear el término de atacante de alto riesgo por parte del orden, mejor utilizaremos el término de **kamikaze**, pues en esencia estos eran unos atacantes de alto riesgo, pero no necesariamente suicidas, e incluso son muy escasos los testimonios donde estos habrían actuado como suicidas, pero serían más por motivaciones propias y sin el consentimiento de sus superiores. Los kamikazes del orden tendrían como objetivos prioritarios, el corte de suministro y en caso que esto no genere un desistir de propósitos en el sector extremista, entonces se procederá contra el liderazgo de estos, y para todos los efectos: se actuaria bajo la premisa del principio absoluto de defensa propia.

Una de las ventajas estratégicas que poseen los desordenados sobre el orden, lo representa el echo que aquellos se valen de dos factores de ataques, uno pacifico: el cual esta representado por el factor electoral, y otro de fuerza, el cual esta representado por factores violentos de casi todo tipo, en cambio: los factores de orden practican casi exclusivamente el factor voto electoral, esto hace que si la arremetida de fuerza por parte de los desordenados resulta muy contundente, la sumatoria de factores de ataque termina decidiendo a favor de estos, y así continuaría casi indefinidamente, hasta que por errores de los mismo desordenados, terminen colapsando o hasta que precisamente, los factores de orden deciden apelar también a factores de fuerza, como factor estratégico en procura de imponerse sobre los desordenados.

Nos les resulta fácil a los factores de orden, desenvolverse en el uso de factores de fuerza, pues, ya que de por si: este se encuentra rodeado de un estigma de rechazo por buena parte de la población, casi sin otra motivación que las consecuencias que esta genera, lo que hace preferible a los factores no violentos o pacíficos, aparte de esto, los factores desordenados procuran profundizar el rechazo contra los factores de orden, valiéndose precisamente de los conceptos que le son afines a ellos, pero que hábilmente les son endilgados a los de orden, lo cual es una típica condición de del llamado *fascismo*, pero que en líneas generales, aplican como *intelectualidad de la derrota*, o sea: utilizar a favor propio y contra los factores de orden, aquellos factores donde el desorden resulta derrotado por el orden.

Resulta inconveniente tomar como referencia de gobierno, casi única y exclusivamente, al menos de forma fundamental a los sectores rezagados de la población, pus estos son muy impredecibles e inestables, e igualmente que por naturaleza poseen gran tendencia a preferir a los liderazgos desordenados, y sobre todo porque se desestima o relega a un segundo plano, a los factores que realmente deben ejercer la mayor referencia gubernamental, el cual esta representado por los factores de mayor capacidad intelectual y socioeconómica, pero en fin , todas estas circunstancias representan parte de los motivos que los desordenados consiguen tergiversar, y generar la vigencia que de alguna u otra forma mantienen, y seguirían manteniendo hasta que precisamente, sean los ciudadanos de mayor capacidad intelectual, quienes dirijan los destinos de cada país y por tanto de todo el sistema.

El combate contra los factores desordenados no debe ocurrir solamente cuando estos consiguen ejercer control gubernamental, sino que es necesario combatirlos por cualquier medio, y en cualquier circunstancia, pues el daño que generan suele ser devastador, y obviamente prevenirse de ellos evitaría estos males; pero mientras exista un orden establecido donde de alguna u otra forma se les brinda cabida gerencial, bien sea por acceso al poder mediante voto electoral o mediante factores de fuerza, inevitablemente procuraran ellos valerse de tal circunstancia para el logro de sus objetivos, lo que hace que en parte, la culpa de la vigencia de los desordenados, la tienen los mismos factores de orden, pero no porque sea la intensión de estos, sino por el desconocimiento de muchos parámetros adversos que existen en el orden establecido, pero se les da la vigencia equivocada, siendo tal vez el de mayor peso, el echo de permitir que cualquier individuo sin mayores credenciales que la reunir una mayoría electoral, pueda ejercer la regencia gubernamental, sobre todo las principales.

Otro de los parámetros que resultan muy adversos, lo representa el hecho de no disponerse de un status o contexto único sobre los verdaderos conceptos o contextos ideales, de algunos indicadores del orden geopolítico, pues en ocasiones por ejemplo, se habla se procurar la mayor prosperidad y

11

riqueza para los ciudadanos, pero en otras se dice que ser adinerado es algo malo, igualmente se tiene establecido como medidas de buena gerencia gubernamental, mantener un índice positivo de crecimiento económico o un bajo índice de inflación, pero los desordenados falsean a placer las cifras de esos indicadores, sin mayor posibilidad de realizar una auditoria donde se pueda demostrar la falsedad de ellas, o donde se habla de una alta popularidad de algún líder o dirigente como sinónimo universal de aceptación, pero no se toman en consideración las precarias condiciones de popularidad de los ciudadanos, donde incluso a veces ocurre una proporcionalidad inversa donde "a mayor popularidad del régimen y sus dirigentes, menor popularidad de los ciudadanos".

También juega un papel fundamental, la no existencia de un contexto único de democracia, y esto resulta tan patético: que en ocasiones algunos contextos de esta son totalmente opuestos y contradictorios, pero igualmente todos son aceptados como   contexto de democracia, y es por aquí: por donde precisamente deben empezar las iniciativas de reordenamiento del sistema, o sea, en el establecimiento de un contexto único del régimen ideal, simultaneo a esto debe quedar anuladas cualquier otro tipo de ideología, pero aceptando la libertad de pensamiento disidente, teniéndose en consideración que estos deben quedar anulados técnica e irrefutablemente mediante los principios establecidos por el orden, lo cual le brindara mayor solidez a estos, muchos de quienes practican el ideal democrático, aplican mejor con seguidores del ideal de **centro**, y este si posee mayor uniformidad contextual.

Muchísima gente juega a mantener la vigencia de "su modo de pensar" o "filosofía particular", y esto no sería mayormente problemático, si dichas ideas estuviesen sincronizadas con el pensamiento de **máxima lógica** existente o que representen una mejoras de estos, y efectivamente existen parámetros que obligan a la vigencia de un único orden en el sistema, siendo estos los derivados de la **rigurosidad legal del sistema**, lo cual es algo común a todos los sectores y factores, pues las leyes naturales actúan de manera idéntica y única, en cualquier latitud, y de igual modo: resultan imposibles de esquivar, pues tiene implícito incluso la **pena capital** en caso que de no ser manejadas según los parámetros que ellas mismas establecen.

Esto obliga a una diferenciación entre el elemento político y el religioso como factores de gobernabilidad, pues existen preceptos de tipo religioso que chocan contra las leyes naturales, lo cual representan una especie de homicidio por parte de quienes las promueven y obligan su ejecución, y una especie de suicidio por parte de quienes se rigen por ellos, aun así: en el caso donde los preceptos religioso están sincronizados de manera armónica con el elemento político, se permite el manejo relativo por separado de ambos elementos, al menos ese es el caso de la **religión cristiana**.

Algunas religiones tiene establecido, no solo desentenderse de algunos parámetros de la leyes naturales, sino que incluso también tienen establecido **atacar** a otras religiones bajo simple motivación de supremacía, lo que obliga a cualquier otra religión, a mantenerse en un estatus de **contraataque** respecto a la primeras, por lo que el ataque por simple supremacía no hace mas que representar una **actitud caníbal**, puesto que el simple criterio de supremacía no es un principio absoluto de operatividad. Visto esto, se puede adelantar que tarde o temprano desaparecerán las religiones que tienen establecido atacar a las demás por el simple criterio de supremacía, y eso ocurrirá a partir del momento que los seguidores de estas religiones, entiendan lo inconveniente de seguir y exponerse a los contraataques de las religiones no atacantes, pues estarían defendiendo un principio totalmente ilógico, o sea: meramente caníbal, pues no se permite deliberar razón ajena sino la suya propia.

La erradicación de las religiones atacantes sería aun mas acelerada: sin también incluyen dentro de sus preceptos, una operatividad contraria a la leyes naturales, pues no solo quedarían expuestos al contraataque de las religiones no atacantes, sino también al suicidio que representa no apegarse estrictamente a la leyes naturales, o al intento de homicidio cuando los preceptos religiosos e incluso políticos pretenden imponerse por vía forzosa. Todo esto permite establecer que la religión cristiana, será la única que finalmente existirá, pues de las religiones no atacantes, es la única cuyo elemento político se encuentra estrictamente apegado a la rigurosidad legal del sistema; esto permite establecer también: que la religión cristiana es la única verdadera, y las demás resultan falsas religiones.

Puesto que existe la *intelectualidad de la derrota*, los factores a contraatacar no serían solo los que abiertamente se declaran como no cristianos, sino también a los que se infiltran o hacen pasar como cristianos o factores de orden, pero a pesar de la circunstancia furtiva de ello, son muy abundantes los parámetros mediante el cual se les pueda detectar, siendo los mas predominantes, cuando atacan a los factores tradicionales de orden y porque muestran una operatividad basada en el parámetro de solamente combatir a factores malévolos, desentendiéndose o relegando a un segundo plano, los parámetros de *practicar solo lo que es bueno*, y el de *no practicar lo que es malo*, siendo estos dos últimos junto con el parámetro de *practicar solo lo que es esencialmente es bueno* los que conforman el *principio de orden absoluto*, o el *contexto absoluto del bien*.

Obviamente la operatividad a desarrollar no sería la de exclusivamente *contraatacar a los factores de desorden*, sino que preferiblemente será la de procurar un *desistir de propósitos* por parte de los desordenados, y mejor aun: procurar una *conversión hacia factores de orden*, esta operatividad estará regulada por la iniciativas de ataque de los factores de desorden y las de contraataque de los factores de orden, teniéndose muy presente que el liderazgo global, tiene que estar representado por los ciudadanos de mayor intelectualidad.

Resumiendo lo anteriormente expuesto: se deja en claro la posibilidad de un ambiente o sistema donde se estarían haciendo las cosas de *la mejor manera posible*, pues toda la operatividad se haría en base a la rigurosidad legal del sistema, lo que dejaría fuera de lugar lo engorroso que en ocasiones resulta deliberar o guiarse por la incertidumbre de las ideas cualquiera, que si bien en ocasiones resultan muy bien pensadas, no sería lo mismo que cuando se tiene una matriz firme, como la de guiarse por el rigor que brindan las leyes de la naturaleza, igualmente por la supremacía absoluta que pose la inteligencia sobre cualquier otro factor, y que permite apartar de modo significativo, la avalancha de ideas de casi topo tipo, que comúnmente exponen los factores intelectuales intermedio y rezagados, amparados por el libre albedrio permitido, y no es que estas desaparecerán, sino que se hace necesario depurarlas previamente de forma tanto cualitativa como cuantitativa, y escoger cuales serían las mejor de ellas.

En el ambiente de las ideas y motivos que han permitido la vigencia de factores francamente perturbadores, estos comenzaran a desaparecer por el simple hecho que los diferentes sectores, incluso prácticamente todo el sistema, tendrán establecido la inconveniencia y rechazo de tales factores de perturbación, pues solo estará permitido un factor regente único, el cual esta representado por la inteligencia, de este modo no tendrá cabida la promoción con criterio gubernamental, de factores tales como los de fuerza y simple mayoría electoral, y dentro de estos: los factores operativos tales como el simple revanchismo, patriotismo, honradez, carisma, popularidad, etc., o porque los promotores no aplicarían como factores intelectuales de máximo nivel o porque las motivaciones no aplican o han perdido vigencia.

MONOPOLIO DE LA FUERZA O LA VIOLENCIA

Cuando de habla de monopolio de la fuerza, igualmente casi se habla de monopolio de la violencia, pero debido a que el contexto de violencia resulta algo ambiguo, es bueno establecer diferencias: de esto tenemos que el término violencia puede representar:

A- El simple uso de la fuerza contra cualquier objetivo ajeno o propio, e incluso contra si mismo.

B- El uso sobre-limitado de la fuerza en los casos donde esta se ejerce con mayor medida de la convenida, o que en apariencia: o no ameritaba que fuese de mayor magnitud, o que la magnitud era necesaria, pues el objetivo si lo ameritaba, esto implica que el uso de la fuerza relativamente sin mayor contundencia, no aplicaría como violencia.

C- Cuando se ejerce fuerza dominante sobre algún objetivo sin el consentimiento de este o del orden establecido, algunos casos de fuerza consentida como en el masoquismo, igual aplican como violencia.

D- Los más disimiles casos de tipo legal donde existen parámetros de uso de la fuerza, pero las limitaciones son establecidas según el criterio de los legisladores o rectores de las diferentes entidades legislativas: o tomando en consideración el factor existencial o del mismo modo desentendiéndose totalmente de este, esto implica que en ocasiones el contexto de violencia depende solo de quienes también posean al monopolio contextual de un país, de una entidad rectora o afín a la etimología, o del simple capricho de cualquier grupo o individuo, y obviamente la falta de rigidez en lo que sería un único orden convenido en cuanto el contexto de violencia, representa uno de los factores que hace que la violencia o lo que se supone que es la violencia, tenga mucha vigencia, pues casi cualquiera se reserva el derecho exclusivo o retórico, de considerar lo que es o no es violencia.

Visto todo esto: podemos decir que la violencia representa tanto un factor de paz u orden o igualmente de desorden, y la existencia de contradicciones o imprecisiones de tal contexto, implica severos traumas para los ciudadanos, que precisamente podrían evitarse, si se consigue establecer un criterio irrefutable de de lo que sería o no la violencia, y efectivamente ya existe un criterio único e irrefutable que permite establecer no necesariamente el contexto de violencia como tal, pero si uno de sus antónimos, el cual esta representado por el contexto de *libertad* y a partir de este, si queda automáticamente definido el de violencia, pues lo que atenta contra la libertad, pasa a formar parte del contexto de violencia, no solo en lo que refiere al contexto de violencia como tal, sino también en lo que siendo efectivamente violencia, pretenda imponerse como permitido.

Con esto quedaría erradicado el monopolio de la violencia y cualquier forma permisiva global o sectorial de ejercerla, puesto que todo lo que atente contra la libertad es algo que resulta condenable, lo que reduciría las practicas de la violencia solo a los delincuentes comunes, que casi sin importar el tipo de legislación y lo severa que estas sean, siempre se encuentra quienes se arriesguen a practicarla, y en cuanto a los delincuentes de alto nivel, sobre todo los que pululan en el ambiente geopolítico, tendrán prácticamente cerradas todas las posibilidades operativas, pues los factores de que se valen para ello, prácticamente habrían perdido vigencia.

El contexto único e irrefutable de libertad esta definido como: *"la posibilidad de operar discretamente dentro del radio de acción vital"*, de esta forma: tomando todos los parámetros vitales del individuo, tanto los orgánicos, como los factores foráneos a el mismo que le son imprescindibles para sus *existencialidad*, representaría el factor regulador principal, que permite establecer las diferentes discrecionalidades o indiscrecionalidades que estarían operando en función de la mayor vigencia posible del factor vital o afectando a este.

Dentro de los parámetros vitales orgánicos del individuo, se encuentran la sensibilidad de los sentidos y la que regula el sistema neurálgico, donde una alteración en la sensibilidad visual o auditiva por ejemplo, o que afecte al sistema nervioso, representa ya un ataque violento al factor vital, igual ocurre cuando resultan atacados algunos parámetros que no están firmemente establecidos los mecanismos que los regulan ni de donde proceden, como el amor, el ego, la rabia, el orgullo, la vanidad, algunos parámetros de deseo sexual, la ansias de la adicción, etc., el funcionamiento de los órganos vitales, y los factores que se hacen necesario para sustentarlos, etc., y cualquier otro factor vital, teniendo la particularidad todos ellos de mantener su vigencia o funcionamiento, siempre y cuando se mantengan dentro de un mínimo y un máximo de suministro, complacencia o exposición, teniéndose en consideración que muchos de ellos son cíclicos y de atención casi inmediata.

FACTOR COMÚN

La necesidad, deseo o conveniencia de un **contraataque** representa un factor común a todos los sectores, o sea: todos luchan por sobrevivir, pero no todo **contraataque** es factible, pues depende de los factores en juego tal iniciativa, sobre todo la *potencia de los operadores* y los objetivos que se conseguirían y o perderían, esta circunstancia se torna muy traumática cuando los factores vitales propios se encentra en sumo peligro, y entonces corresponda diferir un eventual *contraataque,* en procura de un ambiente mas apropiado para ello, que podría contener una mayor capacidad ofensiva y o defensiva, y o una disminución de estos mismos factores en la contraparte atacante, también estaría en juego una eventual negociación satisfactoria a las partes que evite lo que serían las imprevisibles consecuencias de un enfrentamiento. Cuando las posibilidades negociadoras no existen o existen pero serían inconvincentes, y a la par de esto aumenta el peligro existencial propio, se generan situaciones de *digitalización forzosa*, lo cual representa un factor que obliga a una inminente toma de decisiones del tipo *si o no* motivado a que la adversidad no deja otra alternativa.

Algunos factores de ataque que alcanzaron gran relevancia en el pasado, han perdido vigencia casi totalmente, como el *deseo de conquista*, en estos casos, el orden establecido permitía tal circunstancia, pero luego el orden establecido mismo, fue allanando el camino, hasta que finalmente el *orden establecido*: resulto totalmente opuesto a esa vieja practica, pero no desapareció del todo el deseo de conquista, al menos abierta y consentidamente como en el pasado, pues aunque en una escala muy reducida, existen factores que procuran alegatos, que permitan lo que sería un contraataque plenamente justificado con propósitos de anexión territorial, reconquista de este, criterio separatista, que de alguna u otra forma han generado cambios recientes en el mapa mundial.

El hecho que solo los ciudadanos de mayor capacidad intelectual, estén llamados a ejercer la supremacía gubernamental, implica que un grueso sector de quienes se creían con derecho a ejercer posiciones gubernamentales: desaparecerán, pus no califican para ellos y de nada les serviría que empeñen esfuerzo en ello, pues estos serían *blanco legitimo* de contraatacar por cualquier factor que prefiera el mayor orden, y en cuanto a los factores intelectuales, no habría mayor problema, pues *por contexto mismo de la inteligencia*, son los mejores capacitados para evitarlos, a la par que no son muy abundantes estas *elites intelectuales* y en cambio: por lo general, si abundan la posiciones gubernamentales medias y menores, pero la

20

escogencia de estos cargos menores tampoco representaría algo traumático, pues ellos estarían bajo la regencia los lideres intelectuales y no de un universo cualquiera y desordenado como hasta hora.

Este sistema sería muy parecido al de los **colegios electorales** que existen en la actualidad, solo que los directivos de estos colegios o entidad rectora del nuevo orden estaría conformado solo por elites intelectuales, de esta forma, la rivalidad interna en procura de conquistar el poder, alcanzaría limites muy pacíficos, pues a la par que no tendrían cabida los violentos; lo que se podría llamar la pugna interna por alcanzar el poder: estaría relegada al deseo de los factores intelectuales elites en alcanzar la mejores credenciales de solvencia operativa a favor de la población, y no al *arte de andar recogiendo votos o apoyo electoral* como hasta ahora y en forma generalizada, resulta tal operatividad, y menos aun: a las situaciones de ataques violentas de todo tipo, como golpe de estado, guerrillas, revoluciones ni la colateral de estos conocida como terrorismo.

En el ambiente político existen varios contextos de revolución, entre ellos, el que representa una simple figura de combate, el que establece una ruptura contra un régimen u orden establecido, y el que representa una forma de gobierno u orden establecido, siendo este muy típico de izquierdismo, y dentro de sus principales características, se encuentra el hecho de hacerse rodear de una especie de *"halo sagrado"* e inmaculado, donde todo lo que se le oponga a *la revolución*: representaría una terrible blasfemia merecedora de severos castigos contra quienes lo hagan, lo que les permite a la dirigencia de estas: realizar todo tipo de atropellos en nombre de la supuestamente sagrada revolución, y la aceptación casi sin reservas de esta circunstancia, representa una de las mas severas fallas operativa del ser humano, a la vez que puede decirse que ha representado una de las mas efectivas estrategias del extremismo de izquierda, en llevar a cabo sus perversos propósitos.

Aparte del *"halo sagrado"* sobre la revolución, también se lo hacen rodear a líder de estas y a sus seguidores, comúnmente representados por sectores rezagados intelectual y socioeconómicamente, conformando un *trió de barbarie e impunidad* que la mayoría de las veces solo desaparecen o pierden vigencia por agotamiento de ellos mismos, pero pocas veces por contraataque efectivo de los factores de orden, aunque el factor de desorden representado por la *ideología de derecha*, si ha sido mas efectiva que *el centro* en este aspecto, sobre todo porque se valen de factores de fuerza para neutralizarlos, pero aun así: la derecha es otro factor donde la libertad resulta fuertemente reprimida, y el mero uso de la fuerza sin una razón valida de *máxima lógica*, puede representar simplemente parámetros de canibalismo, y es precisamente parte de lo que se pretende evitar, por lo que solo queda para contraatacar a los desordenados, procurar precisamente factores de *máxima lógica*: bien sean pacíficos o de fuerza.

La necesidad de supervivencia representa un factor común a todo individuo, e igualmente resulta común la obligatoriedad de alimentarse prácticamente a diario para satisfacer tal propósito, pero no siempre resulta fácil disponer de los factores alimenticios, sino que en ocasiones resulta incluso muy traumático conseguirlos, como del mismo modo existen *factores parásitos*, que procuran el robo de alimentos como tal, o de los factores de resguardo para conseguirlos, como el dinero, dicho robo no siempre es mediante la clásica y perseguida figura del robo como tal o el hurto, sino que factores del desorden se valen de mecanismos leguleyos como el método de las *expropiaciones* para robar los medios productivos de factores de orden o de desorden mismo, lo que incrementa los factores de canibalismo existencial en el sistema.

Los motivos que argumentan los desordenados para pretender justificar un ataque del tipo expropiación, generalmente son del tipo revanchista, por lo que estos ataques, en realidad son planteados como un contraataque, y para ello se valen de la manipulación o desconocimiento de los diferentes ordenes establecidos a través de la historia, y la vigencia que aun tendrían o la habrían perdido, de esta manera: si algunos de ellos han sido erradicados, hábilmente procuran exponerlos como aun vigentes, o como efectivamente erradicados pero sujetos a venganza, ajuste de cuentas y reivindicación por parte de factores que llevaban la peor parte, mientras tenían o siguen teniendo vigencia, esto hace que para ellos de nada ha servido, los tratados de paz, reconocimientos de independencia y soberanía, inter culturización, reconciliaciones, perdón, acercamientos, integración, eficiencia de algunos individuos e ineptitud de otros etc.

En fin: de alguna u otra forma procuran reeditar historias ya caducadas, con la intención de entrecolarse como continuadores o herederos de viejas gestas y glorias, y de esa forma asumir un papel caudillesco y protagónico, que les haga digerible para la población, como figuras de supremo importancia que merecerían todo el respeto y obediencia, y que pretender obstaculizarlos en sus propósitos reivindicativos, sería una acción vil, merecedora de mayor desprecio, pues supuestamente la nación donde actúan necesitaría ser llevada al sitial de honor merecido, y sobre todo: porque supuestamente ya habría llegado el tiempo de hacer justicia a favor de los ciudadanos rezagados, victimas de los atropellos cometidos por los regentes de los ordenes establecidos que los atropellaban, e igualmente llevar castigo ejemplar a los herederos o aun representantes de esos regímenes del pasado.

JUSTIFICACIÓN Y MEDIOS

Puede decirse que entre las mayores diferencias que existen entre los delincuentes comunes y los delincuentes geopolíticos: está el hecho que salvo los casos donde algunos de los primeros se dedican a la práctica de la estafa y del hurto otros, el resto de ellos practican sus fechorías exponiéndose abiertamente como tales, procurando dejar en claro frente a sus víctimas, lo que efectivamente son, y generalmente también: lo violento y despreciable que puede llegar a resultar el ataque de ellos, en cambio los delincuentes geopolíticos: prefieren valerse del factor furtivo que igualmente tienen los delincuentes comunes que practican la estafa, pues presentarse públicamente como lo criminal que efectivamente son, los expone a enfrentar a factores de justicia muy poderosos en cantidad y calidad a nivel local y global, pero aun así: mientas puedan promoverse públicamente como perversos, igual lo hacen: pues eso les brinda cierto estatus de arbitrariedad, impunidad y supremacía entre los perversos, y les sirve para de alguna u otra forma dejar ver su verdadera condición.

Puede decirse que todo individuo actúa guiado por algún motivo que justifique su comportamiento, e incluso en algunos casos de opresión o amenaza, donde el individuo puede verse obligado a actuar contra su voluntad: este procura justificar su comportamiento, jerarquizando su prioridad de supervivencia o resguardo de cualquier otro factor; para que todo esto ocurra, es necesario un esquema de justificación, tanto en la partes atacantes como en la atacadas, y no siempre los atacantes consiguen sus propósitos, sino que a veces son obligaos a desistir de estos; o resultan neutralizados o eliminados durante los rigores del ataque o de un posterior contraataque de los atacados y o aliados de estos.

Los esquemas de ataque y contraataque, son de tipo digital en cuanto a los resultados que estos pueden arrojar, estos dos parámetros digitales podrían resumirse en uno que representa *ganar* y otro que representa *perder*, y a partir de allí, los diferentes sinónimos y antónimos de estos, los cuales a su vez, tiene implícito un criterio de supremacía para el factor dominante y de ignominia para el perdedor o derrotado. Los factores que derivan de esto pueden llegar a tener connotación de gran transcendencia, donde los ganadores serían merecedores de gran respeto y consideración, a la par que los haría merecedores del control del orden establecido a nivel global o sectorial, en cambio a los factores derrotados, los abrigan circunstancias de penurias, a veces inmersos en parámetros de exclusión y desprecio, quedando expuestos en algunos casos a ejecuciones, encierros, destierros, esclavitud, o simplemente procurar sobrevivir bajo parámetros de libertad, tratando de ganarse la vida e precarias circunstancias.

Para llegar a esto, no es necesario que ocurra un combate o simple competencia, sino que incluso, por ejemplo: con simplemente *nacer* bajo determinados parámetros, ya la vida puede resultar exquisita o calamitosa, dependiendo entre otros factores: del tipo de raza, condición socioeconómica, apariencia física, entre otros, aun así, este tipo de circunstancia resulta generadora luego de parámetros de revanchismo, reivindicación, solidaridad, resentimientos, etc. que convierten una circunstancia natural como el simple hecho de haber nacido, en situaciones de conflicto premeditado, agravado y continuado, que afortunadamente terminan perdiendo vigencia o buena parte de esta, cuando algunos factores dominantes, comienzan a ver lo lógico e ilógico de las circunstancias que van sucediéndose, y optan por desistir de propósitos atacantes y contraatacantes.

De esta forma los motivos que se esgrimían con la intención de mantener un estatus dominante, desaparecen generalmente, por motivos de máxima lógica, incluyendo los casos donde por ejemplo, algunos factores tradicionalmente dominados, consiguen propinar importantes derrotas a los dominantes, mediante factores de fuerza, y más que por estos motivos de fuerza, las circunstancias se definen porque resultaría ilógico atentar contra un factor que pueda ofrecer una respuesta de mucha contundencia, de magnitud incluso mayor a la del factor atacante, lo que hace que en apariencia terminaría por imponerse un estatus de correlación armónica o coexistencia pacífica.

Y se dice en apariencia, porque si bien *el orden representa un factor absoluto*, no es menos cierto que *el mal es un factor constante*, y mientras los factores de orden no procuren apegarse a la condición de factor absoluto del orden, lo cual implica reducir el mal a su mínima expresión, siempre existirán circunstancias de perturbación en el sistema, recordándose que el *orden o bien*, está conformado por tres parámetros básicos, siendo el primero: *hacer lo que es esencialmente bueno*, el segundo; *no practicar el mal*, y el tercero: *combatir al mal*, si no se alcanzan estos tres parámetros a su máxima expresión, entonces no se es lo suficientemente bueno, pues la correlación entre el bien y el mal actúan a manera inversamente proporcional, o sea: a mayor bien: menor mal, y a mayor mal: menor bien, solo que la potencia operativa del mal, está supeditada al contexto absoluto del bien, y solo se puede conseguir potencia del tipo absoluto, mediante una estrecha correlacionado con Dios, pues Él es el único factor absoluto en esencia.

Procurar un orden establecido sin traumas, representa el anhelo de los factores de orden, e incluso de los desordenados, solo que estos procuran tal fin valiéndose de medios inescrupulosos, lo cual resulta paradójico en la búsqueda de orden ideal, pero mientras no queden suficientemente descifrados los parámetros que permitan establecer cuáles serían las verdaderas coordenadas operativas de ese orden ideal, quiérase o no: siempre existirán traumas, pues queda abierta la posibilidad donde queriendo hacer las cosas lo mejor que se pueda, surgirían factores de perturbación que le otorguen vigencia a la ocurrencia de traumas, igualmente existen factores esencialmente perversos, cuya condición es la de practicar el mal, sin mayor motivación que dicha actitud es la condición propia de ellos, y en esto es común la intervención de criaturas espirituales malignas.

Por muy perverso que sea un ser humano, estos en apariencia, no tienen la capacidad para desarrollar parámetros de maldades lo profundamente elaborados, como los observados en las más disimiles situaciones donde a veces ocurren, y no es que no existan seres humanos lo suficientemente perversos, sino que en ocasiones estos parecen actuar bajo la directrices del liderazgo espiritual maligno, pues casi todo el ataque perverso va orientado a oponerse a las directrices del Dios único y verdadero para con los hombres, representado por aparte de los perversos lo que se podría llamar: *el espíritu de anticristo*, incluso para muchos altos conocedores de la doctrina cristiana, les resulta en extremo difícil descifrar algunos parámetros donde se estaría generando desavenencias o ataques contra esta, lo que hace que buena parte de la lucha contra el mal, tenga que partir de concomiendo verdadero sobre la doctrina cristiana.

Valiéndose de esquemas revanchistas falsamente reivindicativos que ocurren en el elemento polito, los dirigentes politos y ciudadanos comunes, procuran involucrar a sus adeptos y eventuales seguidores, en situaciones de desorden que son contrarias a los lineamientos de la doctrina cristianas, a veces valiéndose de la promoción de de principios cristianos mismos, pero esto lo hacen desde la perspectiva dela intelectualidad de la derrota, haciéndose pasar como cristianos auténticos, para luego mediante las practicas desordenadas, estos traten de identificarse más con la perversidad que con el ideal cristiano que han estado promoviendo o practicando. También es cierto que cuando el ambiente se los permite, los desordenados atacan frontalmente a la religión, pues prefieren no con compartir hegemonía con el liderazgo religioso, procurando erradicar al elemento religioso mismo si fuese el caso.

En cambio: cuando los ataques son básicamente desde el elemento religioso, no se procura erradicar a elemento político, sobre todo porque no se necesitan mayores evidencias para demostrar la existencia del este, mientras que el elemento religioso requiere parámetros de demostración furtivos o discretos que obligan a creer en la existencia divina sin disponer de mayor evidencia, pero si es típico que procuren secuestrar a elemento político desde el elemento religioso, lo cual resulta en extremo traumático, tanto en los casos donde los preceptos doctrinarios de una religión no están en sincronía armónica con la rigurosidad legal del sistema, o cuando si los están, pero precisamente, por ser contradictorio un manejo político desde el elemento religioso cuando no hay convicción de fe en todos los factores, entonces igual se generan fuertes traumas, esto ocurre solo con factores de la doctrina cristiana, por ser la única apegada a la rigurosidad legal del sistema.

La magnitud el enredo ideólogo en lo político es tal, que aún mantienen vigencia innumerables ideales políticos, algunos en franca contradicción con otros, igual ocurre en el elemento religioso, donde concurren decenas de religiones de todo tipo y credo, solo que en caso del elemento religioso, aparte del contexto de ideología como tal, también es necesario y a veces del mayor peso la existencia del principio de fe. Muchos factores geopolíticos, se empeñan en mantener la vigencia del ideal que profesan, más que todo por sacar provecho del patrimonio acumulado que disponen ciertas tendencia políticas y religiosas, que por lo perfecto o motivo de mayor lógica que puedan representar dichas tendencias, algunos incluso juegan en escenarios totalmente opuestos, como los casos de algunos dirigentes del izquierdismo por un lado pregonan la mayor conveniencia de una vida llena de austeridad, pero por otro lado, se sumergen en las bondades del capitalismo y la vida lujuriosa.

Pero en realidad lo que más les brinda vigencia a los factores desordenados, lo representa el hecho que los factores de orden no han sido muy efectivos en depurar con la mayor contundencia posible, el enredo ideológico existente, en otras palabras: hasta ahora los factores de orden no han sido lo suficientemente efectivos en desarrollar y o promover, los criterios de **máxima lógica**, que simultáneamente brinden la mayor solides al principio del orden, y anule por completo o casi por completo los criterios de que se vale el desorden, tanto los suyos propios, como los derivados de la intelectualidad de la derrota. Motivado a que el auténtico contexto de política o elemento político está definido como: **el complemente del elemento religioso**, se hace necesario para conseguir el orden ideal: establecer los lineamientos del **sistema reordenado**, mediante un estrecha correlación entre los principios doctrinarios del elemento religioso y del político.

En el ambiente político, se haría necesario tener en consideración algunas modificaciones de paradigmas existentes, como el de libertad de pensamiento, pues este representa el punto de partida para la elaboración y promoción de las ideas, y no es que se tenga que erradicar y menos aún irrespetar la libertad de pensamiento, sino que este deberían estar enmarcadas dentro de parámetros tanto cualitativos como cuantitativos según los ideales expuestos, bien sea existentes o nuevos.

Al respecto, se cuidaría de ubicar las ideas de máxima lógica como factor regente, en segundo lugar las ideas que ofrecen mucho contenido de máxima lógica pero no a mediada suficiente o al que al menos requerirían de mayor deliberación para establecer los criterios definitivos de esta, de modo que puedan resultar totalmente operativos, en tercer lugar, las ideas que si bien no serían de máxima lógica, al menos brinden capacidad operativa satisfactoria según la capacidad de los operadores, o que aplican solo sobre parámetros triviales o de menor importancia, y finalmente estarían los ideales execrables que estarían en franca contradicción contra el *principio de máxima lógica*, y los principios inherentes a este, tales como el de *orden absoluto*, el de *rigurosidad legal del sistema*, el *principio de buena fe*, el cual establece hacer las cosa lo mejor que se puedan y el *contexto verdadero de libertad.*

Uno de los factores que obliga al establecimiento de limitaciones a la libertad de pensamiento, lo representa el contexto mismo de la libertad, o mejor dicho el verdadero contexto dela libertad, el cual establece: *la posibilidad de operar discretamente dentro de radio de acción vital*, y puesto que el radio de acción vital se encuentra enmarcado dentro de parámetros de un mínimo y un máximo operativos, entonces cualquier otro contexto o principio que pretenda ser correlativo o inherente a la libertad debe quedar sujeto al contexto absoluto de este, el cual incluye limitaciones operativas en resguardo del factor vital, lo que obliga a un cambio de paradigma muy radical, en cuanto a la interpretación y manejo de la libertad se refiere, puesto que existen parámetros muy concretos que regulan la existencialidad o factor vital.

La disponibilidad de contextos absolutos, neutraliza o resta vigencia a cualquier contexto relativo, y para ello se hace necesario también, conocer el verdadero contexto de absoluto, el cual puede contextualizarse como: *todo factor que se origina en si mismo, y no permite desaparición*, esto hace que en esencia el único contexto totalmente absoluto el de Dios, lo que hace que cualquier otro contexto sea solo relativo, o relativamente absoluto con respecto a Dios, esto hace que se debe procurar en todo momento, mantener

31

la mayor correlación armónica posible con Dios, y sobre todo cuidar de no otorgar criterio totalmente absoluto a cualquier otro factor, igualmente dada la existencia de diferentes deidades, se hace necesario procurar establecer cuál es **el Dios único y verdadero**, para lo cual sería de gran ayuda la figura misma del **Dios único y verdadero como tal**, pues si alguien invoca al *Dios único y verdadero*, será efectivamente al Dios de esta condiciona a quien este invocando.

La figura del Dios único y verdadero, representa un importante aval que permite depurar en gran medida, los ideales y dogmas de fe, pues quien no sea devoto del Dios único y verdadero, no estaría bajo el amparo del Dios único y todopoderoso, lo que convertiría en un falso creyente o creyente de un principio religioso de menor cuantía a quienes renieguen de este, y en verdaderamente fieles a quienes le manifiesten convicción, pro en realidad esto es solo a manera de manifestación, pues decir que se cree en el Dios único y verdadero, pero no se siguen los mandamientos de Él, entonces igualmente resulta problemático.

Teniendo claro cuáles serían algunos contextos operativos absolutos que resultan fundamentales para un mejor comportamiento del ser humano, resulta muy fácil o relativamente fácil, desentenderse de todo principio que reniegue de estos, y que como sinónimo de mayor vigencia de los absolutos, la comprensión y establecimiento de los mejores parámetros operativos de estos: esta representada por los individuos dotados de la mayores intelectualidades, lo que a su vez permite descartar en gran medida los desórdenes ideológicos que muy comúnmente se observan en los individuos de menor intelectualidad, salvo en los caso donde estos se guíen por el orden dictados por los superiores en intelectualidad y por los casos que en menor cantidad, igual pueden originarse en los factores menores, pero que aun así, se hace necesario el reconocimiento y validación de los intelectualmente superiores.

El hecho que algunos individuos puedan ofrecer evidencias de parámetros del tipo absoluto sobre la operatividad del sistema, no los hace automáticamente como de mayor nivel intelectual, ni regente del sistema, puesto que resulta típico que algunos de esos parámetros se presentan de manera fortuita, donde no se requiere mayor esfuerzo o trabajo intelectual para evidenciarlos, pero aun así, a quienes siendo de menor nivel intelectual y consigan ofrecer parámetros de tipo absoluto, los amparan méritos de **individuo afortunado** entre otros.

LEGALIDAD, LEGITIMIDAD Y VALIDES

Resulta inexorable que el sistema debe regirse mediante un orden establecido, esto como sinónimo de supervivencia y correlación armónica entre los individuos, y prescindir de este principio, significa caer en parámetros de canibalismo, pero el principio de orden establecido en sí: no es garantía de supervivencia, al menos de la manera en que se ha venido manejando desde siempre, pues el mismo contexto de orden, en ocasiones poco tiene que ver con tal contexto, por lo que a veces aplicaría mejor el contexto de **estatus imperante**, puesto que el contexto de estatus puede referirse tanto a un ambiente de orden como a desorden; en todo caso: se prefiere solo un ambiente de estricto orden, preferiblemente de tipo absoluto, donde el contexto de orden como de absoluto, estén claramente definidos, y a partir de allí, dirigir la operatividad del sistema en base a esto.

El contexto de orden lo brinda la rigurosidad legal del sistema, y queda definido tanto por la armonía como por el eventual caos que derivan de la correlación de los diferentes factores operativos básicos, tales como el comportamiento de la materia a nivel físico y químico, y el comportamiento de los factores orgánicos que regulan al organismo humano, de esto puede establecerse que *si no hay orden, entonces hay caos, y si hay caos entonces hay inercia y o muerte*. El contexto de absoluto aplica casi de la misma forma que el de orden, pero motivado a que el contexto de absoluto es singular, y no admite desaparición, hace que el mismo contexto de orden sea definido por el factor absoluto, y puesto que Dios es el único factor absoluto, entonces la búsqueda del orden establecido de tipo absoluto debe partir de la directrices que al respecto pueda ofrecer Dios y según los mecanismos que el mismo ofrezca, teniéndose disponible para ello entre otros, el contenido expresado de manera escrita en la Biblia, o cualquier otro libro de tipo sagrado según la consideración de factores no cristianos, pero apegados a la rigurosidad legal del sistema.

La operatividad de orden necesita de un estamento fundamental y básico, que establezca los diferentes parámetros operativos o estatus de orden por el cual deben regirse los individuos, estos deben estar apegados estrictamente a la rigurosidad legal del sistema, y a partir de ese compendio legal del sistema, igualmente aplicarían los diferentes criterios de legalidad, de este modo, cualquier figura de tipo legal que no derive de la rigurosidad legal del sistema, y al mismo tiempo brindar la mayor vigencia posible al factor existencial, no solo no aplicaría como legal, sino que igualmente quedaría sujeta a la supremacía de toda figura que efectivamente si cumpla con el requisito de legalidad que contiene el sistema, por lo que mediante la vigencia de esto, los individuos quedarían amparados de sufrir los traumas que se suceden al ser conducidos al obedecimiento figuras legales, de tipo caníbal o suicida.

En base a la legalidad se establece la *legitimidad*, la cual puede entenderse como *todo lo que deriva de la legalidad*, esto hace que si las leyes no son tales, tampoco lo es la legitimidad, pues una modificación caprichosa de las leyes obliga también una modificación caprichosa de la legitimidad, en cambio las leyes naturales son únicas e inmodificables, y solo queda lugar para un reacomodo en caso de una falla en la interpretación original de una ley natural, lo cual ameritaría tal reacomodo, pero en este caso, se procura mantener el hilo legitimo que aplique según sea el caso, sobre la interpretación que ha estado vigente en función de la otra nueva.

Aun en el caso que se logre instaurar un orden establecido de suficiente rigidez legal, podrían generase situaciones de desorden por motivos de la interpretación que algunos den a determinadas leyes, sobre todo por ignorar o desconocer de manera significativa algunos parámetros operativos de ellas, o por motivos de arremetidas de *desordenados de oficio*, esto genera parámetros interpretativos sobe lo que efectivamente tendría o no *valides* legal, por lo que se hace necesario que todo individuo procure disponer del mayor caudal de conocimientos legales que le sea posible, sobre todo si se toma en consideración que el quebrantamiento de las leyes no implica solo sanción gubernamental, sino también de forma natural, como los casos donde se opera incorrectamente con velocidad, temperatura o electricidad, e igualmente en el consumo de alimentos o sustancias que alteran perjudicialmente los factores orgánicos.

Algunas leyes naturales podrían no tener valides legal gubernamental, en este caso, lo prudente sería procurar otorgarles criterio gubernamental también, y para ello, los factores gubernamentales, deben tener la mayor disposición, pues un mayor manejo de leyes, brindaría mayor solvencia al sistema, y mediante el criterio legal y de valides en si: podrían neutralizarse los ataques de tipo desordenados, que por el simple hecho de ser una matriz expandida, adquieren mucha fuerza de ataque por parte de los desordenados, e incluso de los factores de orden o relativo orden, que igualmente tengan la tendencia a simplemente ofrecer lo que aparentemente lucen como buenas ideas, pero que al cotejarlas con el principio de rigurosidad legal del sistema, no aplican como tales, al menos en el contexto de máxima lógica.

Las matrices expandidas erróneas alcanzar gran proyección porque no ha existido hasta ahora, un factor único de calibración, como lo es la rigurosidad legal del sistema, haciendo que la búsqueda de hegemonía o supremacía en el sistema global o sectorial, se base precisamente en eso, algo que simplemente cale entre algunos sectores, sin mayor criterio que la aceptación generalizada por parte de algunos, y no ocurriría así, o al menos no debería, mediante el factor único, pues todos los parámetros coincidirían en un único elemento, el cual esta representado por el sistema, y este es común a todos, de esta forma sería algo irracional, pretender crear polarización dentro del sistema, sabiendo que el patrimonio que consiga establecerse en cuanto a leyes, sería un patrimonio de todos, quedando relegadas las circunstancias de hegemonía y supremacía, a los meritos que se consigan alcanzar en este ambiente, mediante el descubrimiento y manejo de las a leyes naturales y sus factores inherentes.

Mediante estos criterios quedan abolidas las pretensiones hegemónicas de algunos factores desordenados de crear **un mundo multipolar**, por el simple motivo que las leyes naturales representan un solo bloque, y prácticamente todas son complementarias y absolutas, de modo que pretender restar la operatividad de algunas de ellas, significa un atentado contra el orden natural y la existencialidad. Del mismo modo el factor común, permite dejar establecido la obligatoria necesidad de un estatus de **globalización**, por los mismos motivos anteriores, pues de esta manera se estaría ampliando el **radio de acción** que permita acceder mediante **correlación armónica**, a todos los factores disponibles que ayuden a la solvencia operativa del ambiente legal del sistema y por tanto al sistema mismo.

Las pretensiones de sectores desordenadas por crear un mundo multipolar, son verdaderamente bochornosas, pues atacan deliberadamente a factores típicos de supremacía, pero simultáneamente por motivos de la necesidad y regularidad inter operativas de la leyes naturales, se ven obligados a depender de esos factores con quienes generan rivalidad, y esto en ocasiones lo hacen de la manera mas desvergonzada posible, como en los casos donde algunos factores que poseen algún dominio en el factor energético petróleo y atacan al gobierno de los Estados Unidos de América, pero simultáneamente se ven obligados a venderles petróleo y a consumir bienes y servicios generados por esta nación, y esto de factor petróleo es solo uno de los innumerables factores donde la necesidad de intercambio global se hace obligatoria, pero los desordenados parecieran no tener vergüenza.

En realidad la motivación operativa de muchos desordenados, lo representa su condición natural de ser desvergonzados, deshonestos, cínicos, inmorales, deshonrosos, malhechores, criminales, etc., y los enredos del sistema les han estado brindando la posibilidad donde ellos puedan dar rienda suelta a sus desmanes, tendiendo que enfrentar solo a veces a poderosos factores de fuerza, pero en apariencia a no muy poderosos factores de razón, y se dice aparente porque en realidad existen factores de razón muy poderoso, solo que les ha estado haciendo falta *pequeñas dosis de máxima razón* que complementadas con las razones existentes, entonces si se podrá notar la magnitud de la potencia de estas.

Existe gran confusión en la interpretación de los contextos de *factor polarizado* y *factor concéntrico*, de esto tenemos que cuando se habla de un mundo unipolar, tal referencia debería aplicar analógicamente, al caso donde en el ambiente de la física, existe una partícula denominada *el monopolo*, y esta tiene la característica de no estar complementada con otro polo, por tanto: si de unipolar se trata, sería ilógico plantear la existencia de otro polo, en cambio: si la referencia es en base a un mundo multipolar, esta aplicaría en base a la existencia de dos polos opuestos, donde uno sería positivo y otro negativo, ello daría lugar a la conjetura en el ambiente geopolítico sobre cual sería el negativo y cual en positivo, y en este caso si habría cierta factibilidad en el caso donde los regímenes desordenados opten por asumir su condición de factores negativos, pero aun así, dicha condición de desorden quedaría sujeta a la procura de un orden donde esto se pretenda imponer, en todo caso, la realidad indica que la búsqueda de un mundo multipolar, esta orientada es en crear una polo negativo por parte del desorden.

Puesto que desde estas perspectivas resulta ilógico promover o aceptar la existencia de un **mundo multipolar**, quedaría por definir la existencia de un **mundo concéntrico**, y esto si resulta factible, puesto que **el factor concéntrico es correlativo con si mismo**, o sea: permite la existencia tanto de uno como de varios centros, y estos a su ves estrían orientados en función de brindar la mayor solvencia operativa donde funcionen; de esta *multiplicidad de parámetros*, algunos centros serían relativamente únicos y rectores, mientras que otros serían subalternos y o autónomos. Como ejemplo de esto tendríamos a la Organización De Las Naciones Unidas, (ONU), como factor concéntrico rector del orden internacional y a los diferentes países y organizaciones subregionales, como factores concéntricos múltiples y relativamente subalternos del factor concéntrico ONU, pero relativamente absolutos o rectores del orden interno de cada uno de ellos.

Este tipo de esquema permite una mayor solvencia operativa del sistema, y nació precisamente de la imperiosa necesidad de crear un factor concéntrico del tipo ONU, donde convergen casi todo tipo de factores geopolíticos. Pretender crear organismos paralelos a la ONU, representa una actitud repetitiva de errores ya superados, y del mismos modo, pretender un cambio de sede, por motivo de inconvenientes que planteen algunos sobre lugar donde se encuentra, simplemente significa el traslado de de esos mismo problemas a otro lugar, lo que hace que esos tipos de rivalidad hegemónica, son solo intentos caprichosos de perturbación del orden.

Casi todos los factores concéntricos nacen de una motivación de máxima lógica, donde la solvencia operativa del ambiente en el cual se generan, se hace muy eficiente, y aparte del factor concéntrico como tal, les son inherentes a este, otros factores como los de *locación* y *fundación o primicia*, donde la locación serían los lugares donde se establece los factores concéntricos, y los factores de fundación estarían representados por los factores que establecieron las iniciativas de fundación de esos factores concéntricos. No siempre en principio la locación resulta la ideal, pero una vez establecido el centro operativo, entonces comienzan a operar *factores de arraigo y logística* en base a este, y ello hace que casi independientemente del lugar concéntrico, la operatividad termina ofreciendo gran solvencia a los factores a quienes presta servicios, este tipo de centros que en principio no resultaban ideales, generalmente se presentan de forma empírica o fortuita.

En cambio cuando previamente existe un estudio de factibilidad, y con el mayor criterio profesional, se consiguen mejores solvencia en todo momento. Como ejemplo de ambos, podemos citar los mercados de alimentos previamente planificados de los pueblos y ciudades y los modernos centros comerciales, en ambos casos podemos decir que sin no existieran estos factores concéntricos, los productos que se necesitan adquirir, estarían dispersos por todo el conglomerado urbano, esto conllevaría a tener que realizar largos recorridos por cada uno de los distantes unidades de distribución de los productos, con sus consecuentes perdida de tiempo y esfuerzo en cargar productos por todo el trayecto, en cambio: en un centro de distribución donde convergen gran cantidad de distribuidores, los productos pueden adquirirse con mayores facilidades de tiempo, espacio y esfuerzo, este tipo de operatividad resulta satisfactorio tanto a consumidores como vendedores.

Igual criterio aplica en los centros de producción de tipo corporativo, que disponen de grandes unidades de acopio y distribución de productos clasificados o manufacturados donde los productores de materia prima pueden arrimar sus rubros; pueden señalarse también los servicios de banca, puertos y aeropuertos, terminales de transporte terrestre, centros de salud, centros educativos, medios de comunicación, internet, etc., en fin: son innumerables los factores concéntricos y los grandes benéficos que estos brindan a la población: pero no todo es color de rosas, pues si tales factores concéntricos no operan con algunas regulaciones, entonces puede dar lugar a *vicios de monopolio comercial*, el cual es una figura desordenada de tipo restrictivo, pero basados en el principio o contexto verdadero de libertad, puede establecerse que si no se permiten factores concéntricos, se estaría atentando contra la libertad desde el parámetro de menor operatividad, y si se permiten pero no se regulan, igual se estaría atentando contra la libertad, pero desde el parámetro de mayor operatividad.

Una vez que un factor concéntrico adquiere solvencia operativa regular, hace que se generen vínculos de correlación armónica y factores hegemónicos a favor de todos los operadores directos e indirectos, en este caso puede citarse la existencia en algún lugar de una gran centro de compra - venta de determinado rubro agrícola, donde los operadores directos serían quienes participan en la actividad que allí se desarrolla, y los indirectos quienes no participan, pero le asisten criterios de prestigio por ser inherentes a ese lugar donde viven o mantienen alguna correlación importante, todos estos parámetros de **propietariedad** que se van generando, llegan representar diferentes valores y patrimonios de tipo moral y mercantil ente otros.

Igualmente se generan parámetros de competencia, que pueden ser del tipo leal o desleal, siendo los del tipo competencia leal, cuando terceros operadores procuran operar en dicha plaza o lugar concéntrico, bajo el consentimiento de sus operadores tradicionales, principalmente los que tiene mayores criterios hegemónicos de propietariedad y rectoría, o igualmente motivados por la solvencia operativa que observan en dicho lugar, procuran establecer otra plaza en otro lugar donde no resulte afectado negativamente el primero o incluso pueda crear vínculos de correlación armónica. En cambio, la competencia desleal se generaría en los casos donde valiéndose de **factores conspirativos**, se procura desplazar a los operadores tradicionales, de la rectoría y o propietariedad del lugar concéntrico, y o se procura escamotearles la clientela.

La práctica de operatividad desordenada del tipo monopolio, resulta típica de los factores desordenados de **derecha**, la de relevo conspirativo mediante escamoteo, extorción, expropiación, etc., resulta típica de los factores desordenados de **izquierda**, y cuando se procuran el mayor número posible de parámetros de orden y libertad, resulta típico de los factores de **centro**. En esencia: solo existen estos tres factores ideológicos, y fuera de allí, existen innumerables definiciones que por mucho que algunos pretendan establecerlas como distintas, siempre son iguales a las básicas, igualmente el contexto ideológico podría resumirse en solo dos factores que serían **el de centro y el extremista,** compuesto por los extremos de izquierda y derecha, este factor extremista es el causante de los males del sistema, y bueno parte de la vigencia que tiene, es por el desconocimiento existente sobre los verdaderos contextos de cada factor ideológico, no solo por parte de los factores de orden, sino por parte de los factores de desorden mismos.

ALGUNOS TIPOS DE ATAQUE

ATAQUE BÉLICO TÍPICO O CONVENCIONAL: Puede generarse por motivos políticos, religiosos, disputa territorial o algún otro factor estratégico, etc., se emplean las armas regulares de los ejércitos, y existen algunos organismos reguladores de los excesos que puedan cometer como el Estatuto de Roma de la Corte Penal Internacional y la Convención De Ginebra, generalmente se definen en base a la disponibilidad, emplazamiento y uso del material bélico y capacidad de combate de los efectivos militares, tanto en cantidad como en calidad, podrían evitarse mediante factores de máxima lógica y si este principio no resulta determinante, entones las circunstancias aplican mas como canibalismo que como otra cosa, esto podría ser solo por parte de uno de los factores, el cual esté renegando de la razón, pero los resultados no desvirtúan el principio de máxima lógica sea cual sea el resultado, pues este es absoluto y tarde o temprano termina por imponerse.

GUERRA DE GUERRILLAS: El esquema operativo es algo idéntico al anterior, solo que interviene un ejército irregular, que actúa de manera furtiva en la mayoría de los casos, podría evitarse mediante el principio de orden que establece que la gobernabilidad solo pueden ejercerla los individuos dotados de la mayor solvencia intelectual, muy pocas veces los factores de orden representan al ejército irregular, pero esta opción no es descartable del todo, sobre todo sin son estos los que procuran el establecimiento de un régimen ordenado, y resulta aplicable cuando los factores desordenados reniegan totalmente del uso de la razón o principios de máxima lógica. Es frecuente que los factores desordenados posean mucha astucia, pero no mucha inteligencia, de lo contrario no serían individuos que siempre procuren la violencia o el engaño mediante la astucia.

ATAQUE ELECTORAL: Consiste en ganarse el favor del voto de los sectores rezagados mediante engaño y amenazas, pero aun en el caso que no exista tal engaño o amenazas, los factores rezagados no aplican como factores decisivos para establecer los parámetros de gobernabilidad, porque simplemente no tienen la capacidad o al menos no la tienen en igual medida que los factores lideres en intelectualidad. El porcentaje de lideres ordenados de alta intelectualidad, es abrumadoramente mayor al de los desordenados de relativamente igual condición, pero el de individuos intelectualmente rezagados es igualmente mayor al de individuos de mayor intelectualidad en una relación que puede alcanzar un 60% a un 40 %, a favor cuantitativo de los rezagados, lo que hace que admitir el echo de tomar como parámetros validos para las dediciones gubernamentales de tipo electoral, una relación de simple mayoría, representa una de los peores errores de la democracia o de lo que se supone que es.

Cuando los regímenes desordenados observan que el contraataque electoral de los factores de orden, pueden superarlos mediante un mayoría absoluta, entonces modifican las reglas electorales, de modo con menos votos puedan superar mediante un mayoría relativa de votos donde tienen mayoría de seguidores, al numero de representantes que los factores de orden, y efectivamente un esquema algo parecido representa la solución ideal de máxima lógica, pero esta sería donde los factores cualitativos intelectuales de mayor nivel, sean sobre quienes recaigan los criterio de gobernabilidad. El esquema de simple mayoría de votos, resulta irracional no solo en el ambiente electoral de gobernabilidad, sino también en muchos otros sectores, donde se discriminan a los factores cualitativos en función de factores meramente cuantitativos.

ATAQUE LEGULEYO: Se genera cuando los factores desordenados poseen el control gubernamental mediante un *monologo judicial*, y se basa en anular casi toda operatividad de factores opuestos a su causas con medidas leguleyas, casi sin importar los irracional o descaradas que estas puedan resultar, generalmente lo hacen sin el menor escrúpulo y procurando a su vez sembrar el mayor derrotero y escarnio posible en sus adversarios, esto lo hacen apegándose a un férreo control sobre los poderes públicos, medios del estado y cómplices particulares, tanto a nivel local como internacional; igualmente se confían para ello: en la aparente debilitación que van ejerciendo sobre los factores rivales, con mediadas como expropiaciones, encarcelamientos, destierros, trabas en permisologías, y demás factores de *terrorismo de estado*, igualmente se confían en lo tardío que generalmente actúan los factores internacionales de justicia en estos casos.

La mejor forma de contrarrestarlos sería de manera preventiva, mediante los criterios de máxima lógica que contienen la superioridad intelectual como factor de regencia gubernamental, en cambio: cuando están en el poder, aplicarían medidas de igualmente hacerles entrar en razón sobre lo inconveniente que resulta su permanencia en el control gubernamental, y en caso de que ellos no cedan: entonces aplicarían mediadas de fuerza de cualquier tipo, incluso de *opción cero* si fuese el caso, con tal de logar el objetivo de erradicarlos tanto del poder como de la posibilidad que puedan ejercerlo nuevamente. En este caso: lo más lógico sería: *vencer o morir* antes que permanecer bajo el yugo de los desordenados.

ATAQUE COMPARATIVO: Se trata de una típica estrategia del cual se valen los desordenados, con la intención de justificar todos sus desmanes y conseguir impunidad, esta consiste en relacionar astuta y engañosamente los errores de ellos con errores reales o irreales cometidos en el pasado por factores de orden o desorden, que de alguna manera resultarían inherentes a estos, es como pretender dejar sentado que nada se les puede reprochar, porque quienes lo hagan, serían factores igual de reprochables a ellos, y por tanto, no se tendría autoridad moral suficiente para tal propósito, en esencia: esto se trata de un esquema donde se pretende mantener vigente el canibalismo, sin dejar lugar a factores de justicia como la inocencia, el perdón, la cosa juzgada o pena pagada, los acuerdos de paz, los armisticios, las reconciliación, la perdida de vigencia de ordenes establecidos, etc.

Prácticamente todos los factores están sujetos a la comisión de errores por cuestiones de imperfección, lo que hace que según el esquema desordenado, solo sería valido y factible un régimen establecido de canibalismo, pues nadie tendría la autoridad moral para juzgar a otro, pero como resulta que la justicia es un factor absoluto y por tanto no puede perder vigencia, el esquema operativo que aplicarían en estos caso no es el criterio caníbal por motivo de imperfección, sino un esquema de *escrutinio o average* según los aciertos y fallas de cada individuo, donde los de mejor average a favor de los aciertos llegarían a representar los factores regentes de la justicia, en este caso: es recomendable no dejarse engatusar con una falsa supremacía de factores relativos como la honestidad, patriotismo, carisma, popularidad, liderazgo, etc., ya solo es valida la inteligencia como factor absoluto de gobernabilidad.

ATAQUE OPORTUNISTA: Se genera cuando algunos factores resultan agraviados o caen en desgracia, y luego factores desordenados se prestan a ofrecer ayuda, luego de esto procuran ejercer hegemonía sobre los factores de orden, pero aparte que no cumplen con los requisitos de alta intelectualidad, también les resulta adverso la típica operatividad desordenada de ellos, igual se valen de esto para generar factores concéntricos distintos a la operatividad típica del orden, y generar rencillas a partir de este hecho, lo recomendable en estos casos, es que todo aquel que estaría necesitando de alguna ayuda, no procure hacerse de esas ***ayudas que matan,*** pues serían mayores los males, que los beneficios que generan al sistema.

En todo caso: cualquiera que este necesitado de ayuda, que en ***el peor de los casos***: esta se encuentre enmarcada dentro del llamado ***oportunismo pragmático***, o sea: que los favores ofrecidos o recibidos son sean a cambio de motivos reprochables y se puedan mantener los principios y valores propios. Para algunos efectos este principio no deja de ser reprochable, pero igual le asisten parámetros operativos que lo ubican dentro del ***margen de tolerancia***.

Se generan también igualmente, cuando algunos factores caen en desgracia y luego los desordenados procuran ocupar el lugar hegemónico de estos, o crean otros distintos o paralelos, este tipo de operatividad perversa es típico no solo del ambiente geopolítico, sino también de los ambientes triviales, y en ocasiones no hay motivos de ayuda, sino de despojo o apropiación indebida de los factores afectados, en común en los casos de desastres naturales, incendios, volcamientos de transportes de carga, motín urbano, crisis económicas o depresivas de alguno individuos, inocencia de los menores de edad etc. En ocasiones las calamidades no son fortuitas, sino que incluso, son generadas por los mismos desordenados.

Los ataques oportunistas también se generan en situaciones rutinarias, como los casos de la correlación patrón - empleado, cobrador - pagador - deudor, gobernante - ciudadano, relación matrimonial, oferta - demanda, etc., en ellos se juega mucho a *la prepotencia, el morbo, la hábil estafa, y las triquiñuelas*, y se basan en un desenvolvimiento entre las fronteras de lo legal y lo ilegal, donde procurar una salida legal, podría resultar mas traumático que el valor relativo de factor interpretativo en juego, que casi siempre es el dinero, o del mismo modo, procurar una salida ilegal, igual tendría peores consecuencias, por el efecto sancionatorio de la leyes; el morbo de todo esto se genera cuando se actúa de mala fe, o dicho de otro modo: cuando se falta al principio de buena fe, o hacer la cosas de la mejor manera posible.

Igualmente las operaciones se desenvuelven dentro de una *banda operativa discrecional* o *margen de tolerancia*, que el ordenamiento jurídico deja a buen criterio de los operadores, puesto que ejercer operatividad legal rutinaria en ella, sobresaturaría los mecanismos de justicia por lo abundante que resultarían estos casos, aun así, existen algunas figuras judiciales como los *jueces de paz,* que generalmente atienden estas operaciones menores, igualmente pueden ser atendidos por la *justicia ordinaria*, pero los costes económicos, a veces los hace poco convenientes para todos o casi todos los operadores, sobre todo por la *figura inflacionaria judicial* de: las **costas procesales** y los **gravámenes por daños y perjuicios**, en estos casos la justicia actúa en forma paradójica inflando el valor absoluto de *la cosa*, para dar prioridad a una elevado valor relativo de esta.

No siempre quien cobra una deuda, lo hace de manera prepotente, pero en otras ocasiones, sobre todo cuando existe algún atraso en el cumplimiento de esta, si actúan con mucha soberbia, a veces haciendo rodear la situación de mucho morbo, y esto por lo general crea algún trauma al deudor, en estos casos: si al deudor se le imposibilita cumplir dicho compromiso, no se estaría actuando de mala fe, sino que estaría sujeto a la circunstancia, pero cuando el deudor puede cumplir con el compromiso de pago, y no lo hace, entonces si habría mala fe, sobre todo cuando se adquiere la deuda a sabiendas de antemano que esta no se podría pagar, y a veces quien debería cumplir con compromisos de pagos, no necesariamente serían un factor débil o relativamente débil a favor de una factor fuerte o relativamente fuerte, sino que los compromisos podrían ser de un factor efectivamente fuerte en favor de uno débil, como los caso de la correlación entre patronos y empleados.

Estos patronos podrían ser tanto del estado como factores privados, y la mala fe se genera casi siempre, cuando disponiendo de recursos para el pago, se prefiere retener este dinero ganando interesen en los bancos u otro factor comercial, generando a los empleados los traumas típicos de falta de recursos que rutinariamente deben obtener, en ocasiones se hacen necesarios por parte de los empleados, de **contraataques del tipo huelga, protesta, paro**, etc., para poder forzar el pago de sus salarios retenidos, esta operatividad también se genera cuando en vez de pago de deudas, se hacen necesarios son reclamos de ajuste salarial u otras reivindicaciones; *pero los empleados no siempre son las victimas*, sino que en ocasiones, casi siempre en complicidad con dirigentes gremiales, *atacan a los patronos*, mediante las mismas figuras de huelga, protesta o paros, exigiendo reivindicaciones que el patrono no puede cumplir, o si las cumple, sería mediante medidas de endeudamiento traumático o restando posibilidades operativas a otros sectores, generándose de parte y parte un ambiente de canibalismo.

Los ataques oportunistas generalmente se realizan en forma discreta o furtiva, y por parte de uno o pocos individuos, pero en otros casos, se realizan en presencia de algún público, que puede ir desde apenas dos individuos, hasta la audiencia que pueda tener una alocución en cadena nacional de medios de comunicación por parte de un jefe de estado, en estos casos, pocas veces existe interés económico, al menos en forma directa, pues los objetivos van casi siempre orientados a generar en el factor débil, alguna ignominia, y las victimas en algunos casos no están al tanto que de la burla y el escarnio de que estarían siendo objeto, o si lo estarían, pero por motivos de alguna necesidad o culpabilidad, aceptan exponerse a las ignominiosas situaciones, en estos casos, los atacantes actúan amparados por prepotencia del fuerte hacia el débil, procurando deleitarse del perverso morbo que ello produce.

En algunas artes, este tipo de operatividad ha sido colegiada o profesionalizada desde hace bastante tiempo, pero se lleva a cabo bajo los parámetros de un margen de tolerancia, que incluso puede ser amparado por criterios de máxima lógica, pero que igualmente puede ser altamente reprochable no en sus parámetros de forma, sino en su parámetros de contenido, en los casos donde precisamente la operatividad se escapa del margen de tolerancia, como ejemplo de este podemos citar a la figura de *la sátira*, y *la parodia*, las cuales pueden exponerse mediante muchos medios expresivos, siendo los más arraigados las caricaturas, la literatura, la música y el teatro, estos pueden representar un factor tanto de ataque como de contraataque, y puede llenar de satisfacción a la correlación atacante o solo uno de ellos, y a terceros factores o publico espectador y enterado.

La sátira procura la promoción de factores de *conveniencia propia*, valiéndose de recursos capciosos, subliminales, o colaterales a determinado factor tipo, donde se reforzaría una causa propia o ajena, arraigada, novedosa o solo incidental, valiéndose del margen de tolerancia que envolvería a un factor discreto de tipo clandestino o semiclandestino, donde la clandestinidad no necesariamente procura evadir el orden legal, pero si a un factor reprochable por parte de algunos sectores aliados, adversos o neutrales, o igualmente puede existir una correlación de factores aliados del cual se procura ganar el favor o indulgencias, y un factor adverso al cual se procura general algún derrotismo, existen algunos parámetro donde se procura un acercamiento con un factor enemigo o reprochable, desentendiéndose relativamente, de lo mal visto que pudiera resultar tal actitud por parte de un factor aliado, en este caso se procura desechar la figura de la *traición*, en favor de la figura del *concilio*.

La parodia casi siempre se usa en correlación con la sátira, hasta puede decirse que ambos inherentes, y esta procura la recreación de algunos paramentos reales mediante la dramatización, en muchos casos valiéndose de tendencias extremas de esta como la lirica, pero teniendo como objetivo inmediato otorgarle contexto satírico a lo que se expresa, y digamos que como objetivo final, conseguir algún fin que podría ser político religioso, social, económico, racial, nacional, y las mas disimiles motivaciones. El factor económico y el de entretenimiento, no siempre actúan como *objetivo final* de la sátira, sino como *objetivos inherentes*, y esto es en los casos donde los dramaturgos o autores de la sátira perciben beneficios económicos, independientemente de objetivo final y igualmente cuando el objetivo final es el mero entretenimiento, desestimando los alcances colaterales que pudieran tener los motivos satíricos, e incluso en el caso que estos lleguen a resultar significativos.

En ocasiones resulta extremadamente difícil descifrar cuales sería los márgenes de toleración que podrían tener algunos hechos o episodios que se promueven como satíricos, esta circunstancia resulta generadora a sus vez, de gran preocupación por parte de factores que podrían verse afectados de manera significativa por ello, tales como algunos sectores políticos, religiosos, económicos, sociales, etc., y en ocasiones procurando resguardarse de esas posibilidades adversas, optan por restringir los medios de difusión o práctica de operatividad satírica, principalmente a los medios de comunicación, así como ataques a los productores, autores, actores, tanto de los factores satíricos como propietarios de medios, e igualmente arremeten contra casi cualquier otro factor donde pudieran generarse situaciones de *ataque oportunistas* mediante el margen de tolerancia que debería tener la sátira.

Este tipo de medias resulta altamente pernicioso, puesto que la sátira como tal, contiene parámetros de máxima lógica que le brindan operatividad de tipo absoluto, por lo que procurar su prohibición o erradicación: resulta un hecho traumático que atenta contra el principio verdadero de libertad, de esta manera, solo resulta operativo procurar depurar los parámetros donde se estaría evadiendo el margen de tolerancia, pero no el margen de tolerancia como tal, y no solo contra la sátira, sino contra el margen de tolerancia que igual debería tener cualquier factor operativo, tanto de lógica máxima como menor, siendo estos de menor lógica, los mas complicados ya que por tal motivo necesitarían de mayor depuración.

La sátira representa un factor que históricamente ha estado inmerso en parámetros de estigmas, que por fortuna han venido perdió vigencia, por lo traumático que resultaban, ello involucra tanto a los factores atacantes y contraatacantes, como los factores colaterales, como ejemplo de ellos, tendríamos a los factores de rivalidad racial y los colaterales realizadores de la sátira, que podrían ser o no parte directa de la rivalidad, en estos casos, los parámetros de ataque son generados por motivos del estigma del prejuicio racial, por determinada raza que para determinado momento histórico es tenida por exquisita, por parte de algunos factores que mantenían supremacía económica, gubernamental, militar, social etc., y oprimían a factores raciales tenidos por débiles, y que generalmente eran de escaso nivel económico, social, militar, gubernamental y cultural.

Las consecuencias estigmáticas del prejuicio permanecían vigentes incluso más allá de la pedida de vigencia del orden establecido del tipo gubernamental, pero estas igual fueron perdiendo vigencia, tanto por iniciativa de algunos sectores de los otrora factores exquisitos, que prefirieron abandonar el ataque clasista en procura de una correlación armónica, y que en ocasiones, estos se vieron obligados a enfrentar mediante factores de fuerza a los sectores empeñados en el sometimiento hegemónico, en muchos casos formando causa común con los factores bajo dominio despótico, aparte del crecimiento en acumulación de factores hegemónico por parte de estos, que luego se fue equiparando de forma generalizada con los factores anteriormente en pugna.

Muchos de estos estigmas perduraron en menor medida hasta reciente data, e incluso en muy escaso nivel: aun mantienen cierta vigencia, aunque se ha notado igualmente que factores de tipo izquierdista, han estado procurando cierta falsa reivindicación sobre hechos de un pasado relativamente olvidado, generando parámetros estigmáticos de prejuicio inversos a los anteriores, donde ahora los otrora sectores débiles, discriminan a los igualmente otrora factores fuertes, y no es que lo de otrora sean ahora débiles, sino que motivado a criterios de *falsa lógica*, consiguen ser acorralados bajo los lineamientos absurdos de parámetros totalmente ilógicos del *ideal democrático*, que ellos mismos se prestan a mantener vigente, pero que obviamente, esto ocurre porque no han advertido aun con suficiente claridad, lo ilógico del asunto, sobre todo en lo relacionado al echo donde una mayoría de menor intelectualidad, sea la regente del orden establecido sobre los individuos de mayor intelectualidad, y esto afecta a toso los sectores independientemente del rol que ocuparon sus antepasados.

Los estigmas generados eran de tal magnitud, que los parámetros opresivos y segregacionistas, operaban en forma generalizada contra prácticamente todo factor que perteneciera a determinada raza o situación socioeconómica, de esta forma individuos que por ejemplo siendo de *raza*

54

blanca segregaban los de *raza negra*, igual les endilgaban parámetros peyorativos de casi todo tipo, como el de criminales, y esto porque aparte de simplemente ser de la raza para entonces marginada, muchos de estos individuos, en sus derroteros, se veían obligados a una conducta criminal, igual ocurría con los de escaso nivel socioeconómico, donde por simplemente ser pobres ya los tenían a todos por criminales, teniendo en muchos cosos estos individuos, que apelar a parámetros de indulgencia, donde aclaraban ellos o factores solidarios a ellos, que en el caso de la raza negra: eran *negros pero de alma blanca*, o n el caso de los pobres, que eran *pobres pero honrados*. Lo de alma blanca se refiere al color que en forma alegórica representa al alma, y no a una similitud con la raza blanca.

Los parámetros ignominiosos de la sátira, no solo pueden recaer sobre factores bajo los ataques de esta, sino que a veces también afecta a los hacedores de sátiras, principalmente a los actores, pero en estos casos los personajes casi siempre actúan en procura de obtener algún beneficio económico a través del dinero que dejan en taquilla los aficionados a esta tendencia, o a través de del pago recibido de parte de productores de medios audiovisuales o teatro, en estos casos el actor mismo es el blanco de ataque, exponiéndose a situaciones que activan el sentido del humor, con argumentos meramente artísticos, o a veces de simple burla, pero a veces este tipo de burlas igual posee mas contenido artístico que de burla como tal, y digamos que el margen de tolerancia: se encuentra enmarcado dentro de lo ignominioso que podría resultara exponerse a escarnio bajo ciertos parámetros, o el cuidado que se tenga en procurar que todo este enmarcado dentro de lo meramente artístico, aun así por motivos de la lo complicado que

55

resulta establecer cuales serian los parámetro del margen de tolerancia, podrían generarse objetivo distintos a los que se desea conseguir, sobre todo si lo que se procura es solamente beneficios económicos.

Uno de los factores que con mayor frecuencia les resulta difícil escapar de los parámetros de ignominia, lo representa la legendaria figura del *payaso*, pues independiente de cuan depurado pueda resultar el rol artístico que a veces representan: para algunos individuos, un payaso no es otra cosa que un personaje de condición burlesca, esta idiosincrasia también afecta a los demás actores humorísticos diferentes al payaso, en este casos lo reprochable sería, la falta de sabiduría que permita interpretar correctamente el contenido profesional y noble que pueda existir en una actuación satírica cuando efectivamente poseen criterio sano y profesional, y también por el ataque que se le estaría haciendo al sentido del humor sano de los ciudadanos, pues este sentido del humor sano es una condición natural del individuo, que comienza a vislumbrase incluso desde las primeros momentos de la vida o etapa de recién nacido.

La ignominia como negocio, representa un factor ampliamente explotado, y en ocasiones es utilizado como trampolín para alcanzar algunos parámetros de supremacía en algunos sectores, como el de la farándula y la política, tanto en los casos singulares donde el personaje actuante representa el foco de la ignominia, como cuando esta va dirigida a terceros; dentro de los personajes del ambiente de la farándula pueden citarse artistas de todo genero, los cantantes y músicos en general, figuras del modelaje, etc., igual pueden incluirse dentro de estos, a las figuras de relevancia social, a veces llamados solcialité, y a figuras del deporte, y en este ambiente a casi toda *figura del espectáculo*; en el ambiente político pueden señalarse a los dirigentes sujetos a elección popular y los que prefieren las medidas de facto como los llamados revolucionarios y los golpistas.

En el ambiente del espectáculo es común que los parámetros donde se desborde el margen de tolerancia, hagan generar factores desordenados de extravagancia, escándalo, ridículo, cinismo, escarnio, lujuria, etc., y entre estos personajes y los admiradores o seguidores de ellos, se generan un ambiente de morbo generalizado, y es precisamente el morbo el principal atractivo del asunto, el cual arrastra consigo a los individuos de menor entereza, generalmente los jóvenes y los adultos de escasa cultura, aunque dentro de los hacedores de negocio y alguno que otro crítico especializado, se encuentran individuos de relativamente alta cultura, pero escaso pundonor, cuyo objetivo es hacer dinero de manera oportunista, valiéndose de la explotación de lo que ha venido siendo manejado como reprochable, y efectivamente lo es, o no lo es , pero aun se mantiene un alto índice de censura sobre ello.

Cuando los factores son indiscutiblemente reprochables, se comete lo que efectivamente es un delito social o un sacrilegio, pero en el contexto legal gubernamental, a veces no existe mayor motivación por procurar una erradicación, regulación o censura, porque ello podrían acarrearles pérdida de apoyo político a los dirigentes, lo que genera un ambiente de complicidad entre estos, los promotores del espectáculo y los electores seguidores, lo cual hace a su vez que aumente la espiral degenerativa del ambiente global, pero esta *ganga* de aprovechamiento o explotación de la ignominia, representa una oportunidad que no dejan perder los dirigentes del cinismo político, y en ocasiones procuran ellos ser los protagonistas del morbo o coprotagonistas con los factores del espectáculo, en estos casos las situaciones de contraataque lucen mas difíciles, ya que la dirigencia cínica procura rodearse de impunidad, monopolizando el control de los factores reguladores y hacedores de la justicia.

En el contexto de los aficionados al morbo, esta afición no necesariamente se genera a través del ambiente del espectáculo, sino a través del entorno de interrelación personal, y puede ser mediante tentación o seducción, o mediante coacción forzosa, esto ultimo es muy utilizados por factores ligados al trafico de drogas, los proxenetas, el cinismo político y el religioso, en estos casos se procura quebrar la dignidad del individuo, mediante amenazas, o sumergiéndoles en altos parámetros de ignominia, de modo que una vez colapsados sicológicamente, optan por rendirse a los designios de sus verdugos, algo muy parecido a la operatividad ocurrida en el llamado *síndrome de Estocolmo*.

Dentro de los métodos utilizados: pueden mencionarse un amplio activismo político personalizado por parte de individuos adoctrinados para esos fines, un gran despliegue de factores de *ataque semántico* como vestimentas alegóricas a sus causas, siendo el uso del color rojo por parte de los extremistas de izquierda, el mas representativo, generalmente acompañado de grandes concentraciones de seguidores, y todo lo que se preste a un montaje de *prodigios y portentos mentirosos*.

Como factor gubernamental de ataque, utilizan la extorsión y el chantaje, restando posibilidades laborales u ofreciéndolas bajo condición de apoyo político, a esto se le suman dadivas económicas, como factor de compra de conciencias, donde una parte de quienes ceden, actúan mas por las circunstancias que por convicción, pero la gran mayoría son *cazadores de oportunidades* que actúan bajo la *matriz bruta*, prestándose para protagonizar o servir de comparsas a un lujurioso derrape de idolatría hacia el líder y la causa, aun así: para desdicha de estos individuos, lo que parecía una buena oportunidad en un principio, se trasforma luego en un severo trauma, puesto que los factores de mayor capacidad productiva, prefieren replegarse hacia parámetros operativos donde no exista mayor correlación o ninguna con el régimen desordenado, aparte del empeño del mismo régimen desordenado en arremeter contra estos, dando lugar a la generación de un verdadero caos socioeconómico, donde la inflación y el desempleo real, alcanzan niveles record, a la par que se va restringiendo la libertad a todos los factores.

Los ataques de explotación de la ignominia llevados a cabo por el líder principal del que generalmente se rodean sus iguales de ignominiosos seguidores, va dirigido tanto a factores rivales, como a si mismo, en ellos abundan parámetros rebasados de ofensas de todo tipo, procurando desprestigiar al máximo, a todo lo que parezca enemigo, tanto locales como globales, en ello casi nunca falta el leguaje escatológico, ni situaciones propias que comúnmente resultan ridículas, pero esta actitud resulta gustosamente digerida por el *vulgo seguidor*, igual tiene por costumbre el rompimiento de casi todo parámetro de protocolo, y casi todo esto va enmarcado dentro de un cínico *show mediático*, la mas de la veces en cadena nacional de medios de comunicación.

En cuanto a los *ídolos del espectáculo*, los ataques ignominiosos, igualmente van dirigidos a rebasar el margen de tolerancia, y al mismo tiempo a satisfacer el apetito mórbido de los amantes de la ignominia, ¡y miren que abundan esta clase de individuos ¡, pues económicamente representan un importante segmento del mercado, tanto así, que los hacedores del *trafico de la ignominia*, generalmente ocupan los primeros lugares en el ranking de quienes mas ganan dinero anualmente, y o de los mas ricos, los cual también es símbolo de admiración por parte de los individuos de la matriz bruta, o sea: los que no depuran entre los bueno y lo malo, sino que en el caso del dinero por ejemplo, avalan la obtención de este sin imputar como se obtuvo.

Por lo general, la explotación de la ignominia no consiste en solo actuar fuera del margen de tolerancia, sino que igual procuran que tales parámetros rebasados, pasen a formar parte del orden establecido, lo cual sería algo así como la reedición del mundo prediluviano o el de las comarcas de Sodoma y Gomorra: aunque por fortuna, en el mundo actual hay la suficiente gente de orden, que impediría que en conjunto el margen de perdición rebase los parámetros o porcentajes permitidos, que provoquen la indignación e ira destructiva de Dios, como ocurrió a las del mundo y comunidades antes mencionadas, donde solo el justo Noé en el caso pre diluviano, el justo Lot y los familiares de ambos a través de ellos, fueron los únicos en ser salvados del castigo destructivo, para estos efectos tampoco se procura existencia de un mundo con cierto margen de tolerancia, sino que se procura es la erradicación total de todo tipo de perdición, pero en caso que aun persistan sectores de la perdición, esto no sería una derrota para todo el conjunto, sino solo para los perdidos, y un triunfo para los sectores de orden.

Dentro de los parámetros específicos que rebasan el margen de tolerancia en el mundo del espectáculo, figurarían los siguientes:

A - MÚSICA: letras de canciones con un contenido de sexo sin límites, ritmos y bailes de contenido altamente lujurioso y lascivo, que el algunos casos poseen alto contendido de sexo explicito.

B - CINE Y SIMILARES, igual que en la música, pero se presentan contenidos de ataque mórbido totalmente explícitos y aberrantes en el caso de *cine porno*, y si bien no ocurre de idéntica forma el la televisión o el teatro, se procura con mucha fuerza penetrar y convertir estos sectores en antros de la misma calaña que el cine porno.

C - MODELAJE: En este caso, algo que pareciera o debería parecer el arte de vestir a la gente y sobre todo a las mujeres, pareciera mas bien *el arte de desvestirlas y dejarlas desnudas* o con apenas algún trapito o artilugio que deje la impresión que hubo algún diseño ingenioso o de moda, y para los involucrados en los ataques mórbidos de este tipo, casi no importa a cuanta lujuria o frivolidad puedan quedar expuesta las mujeres que gusten de ello, sino que lo único que importa sería *estar a la moda*, y ganar dinero y hegemonía para los promotores.

También se explota la extravagancia a nivel de locura, como en los caso de algunos diseños de contenido verdaderamente alocado, donde poco importaría lo extravagante o alocado de estos, pues simplemente serían una *nueva tendencia en el vestir*, y tanto estos casos como en el anterior, la carga ignominiosa procuran hacerla recaer es sobre quienes se opongan a esas modas, o *últimos gritos de la moda*, acusándoles de estar enchapados a la antigua, de escasa cultura, marginales, puritanos, beatos, etc., procurando hacer ver que la supremacía en el vestir la tienen quienes se desenvuelven o arrastran dentro de los parámetros lujuriosos de la moda, la *"carne de cañón"* en estos casos, la representan tanto los personajes que se dedican al modelaje, como los usuarios.

D - SOCIALITÉ: estas son figuras del mundo de la llamada alta sociedad o *jet set*, que tienen poco o ningún papel destacado en las actividades anteriormente citadas, pero si mucha correlación con quienes deambulan en ellas, principalmente con las mas extravagantes y celebradas, y junto con estos, también llegan a ser consideradas unas *celebridades*.

E - DEPORTISTAS: en este sector los casos de explotación de la ignominia, ocurren generalmente de manera fortuita y estas son del agrado del público del espectáculo frívolo mas que del ambiente deportivo, aunque es bastante numeroso el publico que gusta de ambos ambientes; en este ambiente deportivo por motivo de la propia esencia del deporte, los jugadores o atletas deben mantenerse bajo un estricto régimen de estado físico muy depurado, al cual les resultan contraproducentes los excesos que se cometen el ambiente de la farándula, pero aun así, en ocasiones algunos atletas si comenten tales excesos, lo cual en realidad es reprochado por el grueso de la fanaticada, pero de gran agrado para la *prensa rosa* y los seguidores de esta, las situaciones ignominiosas surgen a partir del momento cuando en ocasiones quedan al descubierto algunos excesos que se cometen de manera furtiva, y se originan situaciones de escándalo, los encargados en delatar o poner al descubierto los excesos de la celebridades deportivas, como a las de casi cualquier otro ambiente, ocurren a menudo a través de camarógrafos y fotógrafos furtivos, comúnmente conocidos como **paparazis**.

Si bien los traficantes de la ignominia representan un sector sujeto a reproches por parte de los factores de orden, tal circunstancia no les desanima en su afán de lucro, pues aparte que cuentan con la anuencia del sector desordenado, el lucro casi siempre suele ser significativo, y porque precisamente la **mala fama o infamia**, representan uno de los mayores factores de promoción del que se valen, aferrándose casi siempre a la máxima que reza: **no importa que hablen mal de ti, lo que importa es que hablen**, lo cual es muy parecida a la máxima de que se valen los dirigentes del cinismo político que reza: **el fin justifica los medios**, y si bien un buen fin puede conseguirse mediante buenos medios, los extremistas se valen es de medios execrables para procurar fines de igual naturaleza, o incluso en el caso que el fin parezca noble, este queda desvirtuado por lo execrable de los medios utilizados para conseguirlo.

ATAQUE ANTIIMPERIALISTA

ATAQUE ANTIIMPERIALISTA: se genera mediante desconocimiento o manipulación contextual de lo que aplicaba en un tiempo como *reino imperial*, y lo que aplicaba antes y ahora como *nación grande y poderosa*, de esto tenemos que generalmente las *naciones grandes y poderosas* de la antigüedad también eran *reinos imperiales*, lo que hiso que se originara una homogeneidad o fusión de contextos, pero resulta que no todo reino imperial era una nación grande y poderosa y ni toda nación grande y poderosa era un reino imperial, aunque por general estas si lo eran, y este factor es el que mas a inducido a que se tengan por igual ambos contextos, de esto tenemos que cuando se habla de una nación grande y poderosa efectivamente es tal, pero cuando de habla de *imperio*, si existe mucha ambigüedad, pues en esencia un gobierno imperial, es un aquel que *gobierna con imperio*, o sea: de forma *imperativa*, sojuzgando tanto su pueblo como a naciones foráneas, donde era muy común hacerlo bajo esclavitud. Parte de la confusión también se debe a que envés de propagarse el termino *imperativismo*, que mejor aplica con su raíz contextual, se propago fue el de *imperialismo*.

Pero al menos en la actualidad, las naciones grandes y poderosas no gobiernan de forma imperativa, y en este caso tal vez habría que excluir a *China*, por motivo el régimen imperativo de extrema izquierda que posee y a la recién extinta *Unión Soviética*. En el caso soviético, los motivos de hecho, permiten establecer que aparte de nación grande y poderosa, también era una nación imperial o imperialista, y como centro hegemónico del imperio, actuaba la *República Federativa Rusa*, la cual tenia bajo regencia o dominio imperativo no solo a las demás naciones que conformaban la unión soviética, sino también a varias naciones de Europa Oriental, unidas en lo que se conocía como el bloque soviético o la cortina de hierro, aparte de gran influencia en otras naciones ubicadas en Asia, África y Cuba en América Latina, naciones estas cuyos regímenes internos eran o son ejercidos a su vez de manera imperativa, lo que establece que no es necesario que una nación sea grande y poderosa para que sus gobernantes apliquen como imperialistas.

En el caso de los Estados Unidos De América, se trata de una *nación grande y poderosa*, pero resulta en extremo paradójico, calificarla de imperialista, pues al contrario: es la nación donde existen los mayores parámetros ajustados a al verdadero contexto de libertad, tanto internamente como en relación con otros países, y mas paradójico e irónico resulta el echo, que precisamente algunos regímenes que si con imperialistas como el de Cuba, sean quienes mas se empeñan en ello, este echo representa un claro ejemplo de *fascismo*, o sea, el de endilgar a otros de tener los defectos que en realidad no tienen, sino que los tiene es el mismo acusador, puede decirse que las fallas en cuanto libertad que se observan en Estados Unidos, son debido a que aun no mejan el verdadero contexto de libertad.

El problema no es solo de términos o conceptos, sino de relativa extemporaneidad, pues buena parte de la operatividad del los factores imperiales del pasado, ha perdido vigencia, en forma casi total, y se dice casi: porque precisamente quienes atacan en el presente a factores a los que tildan de imperialistas, son ellos quienes tratan de reeditar esas viejas y execrables practicas, valiéndose de métodos fascistas y bajo perspectivas subliminales, pero que analizadas en profundidad, resultan muy evidente el contenido fascista, igualmente estos promotores del *neo imperialismo*, procuran los parámetros de dominación a través de *traidores al servicio de una potencia extranjera*, o factores *vende patria* como mejor se les conoce, estos pueden abarcar hasta incluso el presidente de una nación, altos mandos militares, directivos de los poderes públicos y una amplia red de apoyo popular, nacida principalmente como *redes durmientes*, que en principio se mostraban como simples simpatizantes de ideales y o lideres de la potencia extranjera que luego ejercería el control imperial.

CAPITALISMO CRUEL

CAPITALISMO CRUEL: el principio del capitalismo, representa un factor operativo fundamental y básico en el contexto de estado y de gobierno, lo que hace igualmente represente un factor básico de todo principio ideológico, aun en el caso que se pretenda renegar de el, este echo a su vez deja a descubierto la falacia de las pretensiones de los ideales izquierdistas, de no solo tratar de desentenderse del capitalismo, sino de incluso atacarlo, pues el capitalismo, representa solo el *ala económica* del manejo productivo de toda nación, y si bien a veces se habla de capitalismo de estado, como factor único valido o necesario, al fin y al cabo esto habla de la vigencia del capitalismo como tal, solo que cuando es el estado quien ejerce el monopolio del capital, simplemente se esta restando la capacidad operativa que en cualquiera medida puede brindar el sector privado, lo que representa un grave atentado contra el verdadero contexto de libertad.

Por lo general se habla de capitalismo como factor perteneciente solo al ideal de centro o democracia y al ideal de derecha, e incluso a veces se le confunde como un factor ideológico aparte con operatividad propia, pero esto también resulta falaz, pues como se dijo anteriormente el capitalismo es solo el ala económica de todo ideal político, y puesto que el contexto de política o elemento político, se interpreta como simplemente: *el complemento de elemento religioso*, hace que el principio del capitalismo aplique también para el elemento religioso, pero con la esencia propia de cada uno de ellos.

66

No se puede vivir sin un capital operativo, y menos aun después de la ***invención del dinero***, y si bien en épocas primitivas se sobrevivía en función de la pesca, la caza y la recolección de vegetales, era porque simplemente no existía otra ***alternativa conocida***, igual puede decirse de la operatividad del trueque, y si bien esta ultima aun permite cierta operatividad valida, resultan muy escasos los parámetros donde resulta factible, principalmente en relación con la supremacía operativa que representa el dinero, como ejemplo: diremos que no es lo mismo la facilidad con la que se puede portar cierta cantidad de dinero en efectivo o electrónico, que tener que andar llevando a cuestas pesados bultos de mercancía para realizar transacciones comerciales, en este caso lo limitante sería no solo lo eventualmente pesado y engorroso de algunas cargas, sino que a veces estas son perecederas, y generarían perdidas por tal hecho, entre muchos otros inconvenientes.

Podemos decir que en el mundo primitivo, ***el capital*** estaba representado por ***el esfuerzo*** que se disponía y necesitaba en procurar los bienes de consumo, producto de la caza, la pesca y recolección, y por la disponibilidad de estos bienes de consumo de condición fortuita, esto de la misma manera que en la actualidad, ***el capital*** de la gran mayoría de la población esta representada, en ***el esfuerzo*** que se realiza mediante el trabajo para procurar el *factor interoperativo **el dinero***, que le permita acceder a la adquisición de bienes de consumo; y motivado a que en ocasiones pueden abundar tanto la disponibilidad de dinero como de bienes de consumo, y en otras puede escasear muy severamente, esto debido entre otros a factores climáticos, plagas, guerras, calidad del suelo, etc., El ser humano consideró que ***lo mas lógico***, era procurar ***acumular capital***, tanto en dinero como el representado en todo tipo de Bienes de consumo y resguardo; y de infraestructura y mecanismos de soporte para ambos fines, y hasta aquí podemos decir que todo se veía muy bonito.

Pero luego surgieron vicios operativos como producto de la ambición, los celos, resentimientos y las circunstancias, que generaron parámetros de monopolio y acaparamiento, lo cual restaba posibilidades operativas a otros, y generaba algunos tipos de dependencia hegemónica, también se generaban situaciones de complots contra los factores mas solventes y de estos contra los factores de menor solvencia, con propósitos igualmente hegemónicos, y a partir de aquí puede decirse que comienza el odio de los factores de izquierda contra el capital y el capitalismo, y la expansión del izquierdismo mismo, y digamos que parte de lo trágico de esto, lo representa el echo que los izquierdistas, envés de dedicarse a combatir los vicios del capitalismo, se dedicaron fue a combatir al capitalismo mismo, con toda la secuela de tragedias que ello ha representado.

Este hecho de atacar y oponerse al capitalismo, ha representado una especie de *"papa caliente en la boca"* para izquierdistas, por motivo del hecho que el capitalismo es un factor operativo fundamental e indispensable para cualquier factor ideológico, llámese como se llame, y procurando solventar esta falla operativa, les dio por promocionar el *"capitalismo de estado"*, el cual resulta valido solo como factor de contingencia, provisional y a muy pequeña escala, pero en ningún caso como monopolio del manejo del capital por parte del estado, sobre todo porque el estado necesita del *factor humano* para ser gobernado, lo que convierte al factor humano que dirige al monopolio de estado, en un régimen izquierdista, en lo que llamaremos *capitalistas crueles*, y *capitalismo cruel* a la practica de este tipo de operatividad.

El capitalismo de estado no existe como tal, pues esto es solo una forma de referirse al término *capitalismo a través del estado*, y es a partir del factor humano que pueden surgir los diferentes parámetros de capitalismo a manejar, e incluso si en apariencia el capital no formaría parte del estado, tal como paradójicamente lo han tenido planteado factores izquierdistas, aun así: puede seguir utilizándose el termino *capitalismo de estado*, pero haciendo la salvedad que se trata de una forma relativa de llamar al *capitalismo a través del estado*, este capitalismo de estado tienen dos vertientes operativas, que serían: a)- *el estatista*: la del estado manejado por capitalistas crueles, en el cual se ejercería un monopolio total o casi total del manejo del capital a través del estado, b)- *el privatista*: la del capitalismo de estado que se desenvuelve en un ambiente de libertad de mercado, y opera solo a manera de contingencia, provisional y muy pequeña escala, sobre todo en los casos donde el sector privado no posee *capital suficiente* para operar, o en los casos de *rescate financiero* cuando se generan crisis económicas, procurando en todo momento privatizar o reprivatizar ese capital, también resulta operativo para casos de subsidios e incentivos.

Los criterios de crueldad no aplican al solo hecho de monopolizar el capital, sino también a la forma como lo procuran y ejercen, el cual lo llevan a cabo casi sin importarles en lo más mínimo el costo trágico que en vidas humanas y perdida patrimonial de todo tipo que generan, sobre todo económica y moral, y en este reglón van incluidos también los extremistas de derecha, y puede decirse que la gran diferencia entre ellos, es que los

69

extremistas de derecha operaban cruelmente cuando la esclavitud formaba parte del *orden establecido*, y en cambio los extremistas de izquierda, no usan parámetros de esclavitud relativamente legal como en el pasado, sino que se valen de lo que llamaremos o es conocida como *neo esclavitud*, e este caso no obligan al trabajo a los individuos, sino que se valen de la necesidad de trabajo de ellos, para someterlos a su antojo, pagándoles míseros ingresos, sometiéndoles a un régimen de consumo altamente restringido, y restricciones a la libertad en gran escala, y para colmo de males, como medida de agradecimiento y satisfacción con el régimen y sus dirigentes, tales individuos se ven conminados a manifestar un apoyo irrestricto a estos.

Aparte del capitalismo cruel, algunos factores de derecha y de centro, también practican lo que algunos llaman el *capitalismo salvaje*, este aplica generalmente sobre las grandes corporaciones, y mediante esta practica se procura obtener beneficios, sobre los márgenes operativos convencionales, valiéndose de algunos *huecos obviados* por la regulaciones legales, o que por mucho que se pretenda crear un regulación, serían mayores los inconvenientes causados a factores capitalistas menores, esto hace dar la impresión que el capitalismo salvaje cuenta con apoyo del estado en contra de los pequeños, pero es todo lo contrario, surge es como *medida proteccionista* hacia los pequeños capitales.

Pero donde si operan parámetros reprochables del capitalismo salvaje, es en los casos de explotación indiscriminada de recursos naturales, sobre todo de los no renovables, y en contraposición a esto y como media correctiva, surgió lo que algunos llaman *desarrollo sustentable o auto sostenido*, el cual contempla satisfacer las necesidades presentes sin comprometer las posibilidades futuras.

En realidad lo del capitalismo salvaje aplica mas como un caso de mala fama que otra cosa, incluso cuando la operatividad salvaje parece llega a parámetros críticos de malestar a otros factores, este opta por retraerse y bajar al nivel de solo capitalismo convencional, también posee el inconveniente que a veces se le confunden con parámetros que aplican es como capitalismo cruel.

El capitalismo salvaje lo practican factores de centro y de derecha, pero no de izquierda, por la fobia que estos promueven contra el capitalismo en si, en cambio el capitalismo cruel es practicado por factores extremistas tanto de derecha como de izquierda, y lo hacen porque no tienen las limitaciones que en el ambiente del orden, poseen los capitalistas de centro. Y en el caso del izquierdismo, la práctica del capitalismo cruel, se hace de manera furtiva, no tanto por las aberraciones que comenten, sino también por el manejo muy disimulado de la practica del capitalismo, pero que obviamente, solo basta enterarse de alguna realidades, para que no se tenga duda que efectivamente, no solo son capitalistas, sino que en esencia son capitalistas crueles.

Los disimulos ideológicos no aplican solo sobre la operatividad que se lleva a cabo, sino también sobre la calidad de vida de los dirigentes, a tal efecto diremos que resulta publico y notorio, el gusto que muestran los factores de centro y derecha sobre una vida suntuosa, y también resulta publico y notorio, la feroz oposición y ataque que muestran los factores izquierdistas contra tales formas de vida, pro el colmo de las ironías, es que también resulta publico y notorio el echo que los dirigentes gubernamentales de izquierda también viven en identidad de parámetros de calidad de vida que los de centro y derecha, pues estos al igual que los anteriores, viven en lujosas residencias, se transportan en confortables naves terrestres, aéreas y marinas, poseen espectaculares anillos de seguridad, comen, toman y fuman de manera exquisita, visten de los mejores diseñadores, lucen los mejores relojes, etc.

Este hecho también deja al descubierto lo que pareciera ser verdadero amor y o envidia que tiene los dirigentes izquierdistas por disfrutar la mieles del lujo y la comodidad, a costa del vil engaño que llevan a cabo, no solo sobre sus marginados seguidores, a quienes conmina a conformarse con *solo un "plato de lentejas"* y luego verse obligados a decir que *la revolución les ha dado de todo*, sino también a sus rivales de centro, que de alguna o otra forma aceptan la vigencia ideológica del aberrante ideal izquierdista, sobre todo cuando permiten que mediante una elección, los factores intelectualmente rezagados sean quien decidan cual sería la ideológica gobernante, menospreciando incluso la supremacía del liderazgo intelectual.

Otro de los errores del capitalismo convencional o de libre mercado, se genera porque no existen límites que permitan una operatividad por separado, entre las **inversiones convencionales** y las **inversiones de riesgo**, esto hace que en ocasiones por motivo de su propio contexto, las inversiones de riesgo o alto riesgo, colapsen porque no puedan auto sostenerse, y generan una burbuja económica que generalmente explota, arrastrando consigo a las inversiones convencionales, y generando un caos económico generalizado, cosa que puede evitarse precisamente, manteniendo una operatividad separadas entre las distintas inversiones, de modo que al colapsar la burbuja de alto riesgo, no afecte o sea mínimo el impacto sobre la inversiones estándar que por lo general es férreamente auto sostenida.

En este aspecto del colapso de las burbujas financieras del capitalismo, han teorizado mucho los ideólogos del izquierdismo, pero que envés de procurar solución al problema de la burbuja, consideraron que la solución estaba en la erradicación de capitalismo mismo, y este hecho aunado al del capitalismo cruel de los factores de derecha, les ha servido al izquierdismo para conseguir la gran vigencia que tuvieron en un tiempo y que de alguna u otra forma aun mantienen, pero como se ha visto: el objetivo real de los izquierdista era emular las practicas del capitalismo cruel de los derechistas, y erradicarlos o liquidarlos tanto a estos como a los factores de centro, y en este caso el botín lucia y sigue luciendo muy significativo, pues no solo contempla el control del capital y patrimonio del estado, sino también la confiscación, estatización y control de capital privado, en muchos casos ejecutando a los propietarios mediante la aberrante subterfugio leguleyo de los *tribunales populares*.

Motivado a la relativa perdida de vigencia de estos tribunales populares y de la confiscación sin retribuir a los propietarios el valor de bien incautado y sus eventuales indemnizaciones, en la actualidad los capitalistas crueles del izquierdismo, se valen es de *tribunales secuestrados sujetos a la voluntad de ellos*, los cuales de alguna u otra forma les hace mantener el mismo esquema relativamente legal y operativo de los tribunales populares del pasado, e igualmente procuran ofrecer alguna retribución por los bienes incautados, a los que en realidad nunca pagan o pagan menos del valor real, y casi siempre lo hacen muy tardíamente, a esta jauría de despojo, generalmente lo refuerzan con parámetros de la modalidad de capitalismo cruel que representa *el narcotráfico*, en este caso, los parámetros de crueldad se generan a partir de los severos daños que provoca en los individuos el consumo de estas sustancias, principalmente a los jóvenes, por lo violencia generalizada que a veces desatan y también el daño que hacen a la economía de los países, a través de la practica conocida como *lavado de dinero*.

La experiencia que ha vivido la *República Popular China*, es un claro ejemplo de de la forma como pueden convivir tanto el izquierdismo como el capitalismo, y no solo eso, también queda demostrado plenamente la supremacía del capitalismo como factor económico en el contexto de gobernabilidad, igual puede decirse de *Rusia* y todos los otrora países enmarcados dentro la *cortina de hierro*, solo que los rusos, aparte de la practica del capitalismo de libre mercado, también prefirieron la opción de igual *máxima lógica*, de instaurar un régimen democrático o centrista, eso igualmente debe ser el siguiente paso de China, pues el capitalismo de libre mercado resulta insuficiente, si al mismo tiempo se restringen la libertades personales, o dicho de otra forma: si al mismo tiempo se mantienen parámetros de crueldad contra los ciudadanos.

En el caso de *Cuba*, también se están implementando medias de promoción del capitalismo privado, donde en principio unos 500.000 empleados públicos, serían despedidos para que prueben surte en el sector privado, y también porque el estado ya no puede sostener la inmensa y degenerativa burocracia generada por el *capitalino estatista*. En este caso, junto a los de **China** y **Europa oriental**, los ciudadanos de dichos países tuvieron que ser sometidos a los más severos traumas, en procura de oponer la mayor resistencia posible a la vigencia de casi cualquier parámetro de capitalismo privado, para que luego como hemos visto, al fin: satisfactoriamente entraran en razón, entendiendo que la única vía que garantiza las mayores satisfacciones para los ciudadanos, el la del capitalismo de libre mercado, y también para procurar imponer a toda costa, la vigencia del ya casi obsoleto en todos sus parámetros, ideal izquierdista.

El régimen ideal ocurre solo si el contexto ideológico es de centro, el cual incluye una economía de libre mercado, y de tipo privatista, de lo contrario siempre surgirán traumas: por ejemplo en el caso de China con un régimen gubernamental de izquierda y una economía de libre mercado, la tendencia es que tarde o temprano, uno de ambos factores devore al otro, o sea: o finalmente China adopta un régimen gubernamental de centro, o de lo contrario: no tendrá mas alternativa que regresar al probadamente obsoleto sistema de capitalismo estatistas o cruel, y esto es porque ambos factores de izquierda y capitalismo privado son incompatibles, esto hace que lo que se vive actualmente en China, no es mas que el preámbulo de la instauración de un régimen de centro, o del hundimiento económico hacia el estatismo nuevamente.

En este caso se desea es que triunfe la sensatez y la humildad y se procure erradicar todo vestigio de orgullo como ya lo hicieron los europeos orientales y comienza a aplicarse en cuba, y como ya los hicieron los mismos gobernantes de China, al desmontar la encomia de capitalismo estatista para e instaurar una economía de capitalismo privatista; los niveles de satisfacción ciudadana y de prestigio que ha estado alcanzando China, representa una excelente oferta promocional para ello, igualmente los aportes que ha estado haciendo el capital internacional; pero mientras persista un régimen izquierdista, la tendencia de estos, sería la de replegarse, a la espera de una reconsideración sobre la forma de gobierno.

Este repliegue estratégico, será tanto por voluntad propia como por conveniencia forzosa, pues quienes de alguna forma realicen intercambio comercial con China, fuera de lo que se podría llamar el *margen de tolerancia*, quedan expuestos a sufrir parámetros de rechazo por parte de otros factores capitalistas que renieguen del régimen izquierdista chino; en este ambiente lo mas notorio hasta ahora, ha sido algunos caso de rechazo hacia operadores del ambiente la internet, que de de alguna forma se han actuado en aparente complicidad con el régimen chino, sometiéndose a la censura sobre el acceso a internet de los ciudadanos de esa nación, pero esto sería solo un aviso o preámbulo de lo que luego podría ser una situación de tipo generalizada, que afecte a casi todos los sectores y factores. China también esta sufriendo fuertes reproches y presiones por parte de algunos gobiernos, por tener una moneda subvaluada, lo cual favorece a sus exportaciones de una manera desleal, perjudicando la economía global.

El espectacular índice de crecimiento económico inter anual que ha estado experimentando China, ya comienza a *ralentizarse*, y esto es otro claro aviso de lo inconveniente que resulta, tratar de mantener a flote una economía donde convivan un régimen de tipo izquierdista, con un economía de tipo capitalismo privatista. La situación de China se trata de un caso de *digitalización forzosa*, donde: o instauran un régimen de tipo centrista para salvaguardar la economía, o de lo contrario les resultaría inexorable retornar al abismo de caos económico, que precisamente les obligó al cambio de una economía de capital estatista por una economía de capital privatista.

Otro aspecto que esta afectando al capitalismo chino, lo representa la baja calidad de muchos de los productos que manufacturan, pero en este caso ya se han estado comenzando a implementar las medidas correctivas, pero aun así, lograr un nivel de calidad altamente satisfactorio luce utópico o imposible, pues el izquierdismo y la calidad son enemigos, y resulta en extremo difícil que un individuo que posea un excelente concepto de calidad, igualmente sea izquierdista, o dicho de otra forma: es poco probable que un izquierdista posea un gran concepto de la calidad, como la exigida por el capitalismo global.

Además de esto, buena parte de auge económico chino esta basado en la producción masiva de mercancía de bajo costo, enmarcada dentro de parámetros de bajos salarios y bajos precios de materias primas, y moneda subvaluada, y para elevar la calidad: se hace necesario adquirir materia prima mas costosa, y pagar mas altos salarios, en una relación proporcional directa donde a mayor calidad, mayor costo de salario e insumos, y proporcional inversa, donde a mayor calidad, menor venta por motivo del mayor precio, a la par que al disminuirse la venta, disminuye también el empleo.

Para finalizar diremos que, entrar a competir con productos de muy buena calidad, representa un gran reto para los chinos, pues este segmento del mercado, esta ampliamente dominado por los países que tradicionalmente se han desenvuelto en un régimen de gobierno democrático y encomia de libre mercado. Todo esto significa que China tendría que entrar a competir en un ambiente de difícil penetración, sacrificando una amplia presencia del mercado fácilmente penetrable como lo ha demostrado hasta ahora, mediante la producción y venta de mercancía a muy bajo precio. El hecho de que implementen un régimen de gobierno democrático, ayudaría machismo, pero aun así, tendría el freno que representa poseer una inmensa población, necesitada de puestos de trabajo, estabilidad laboral, y mejoras en el ingreso. En todo caso lo mas lógico e que China procure efectivamente aumentar la calidad pero sin sacrificar el factor existencial.

MEDIDAS DE CONTRAATAQUE

Motivado a que buena parte de las operatividades de la *guerra ideológica*, es producto de confusiones y falacias contextuales, hace que igualmente buena parte de la operatividad necesaria para acabar con dicha guerra: consistiría en desentrañar de manera inequívoca, esos enredos contextuales, o al menos en lo que se considere: serían los parámetros de máxima lógica que apliquen a cada factor, esto permitiría a los ciudadanos sensatos, estar dotados de las mejores herramientas que conduzcan a un ambiente de correlación armónica. Igualmente puede decirse que siempre se ha procurado esa paz deseada, vale la pena decir que es muchísimo lo que se ha logrado, pero resulta evidente que aun persisten algunos enredos, que si bien no serían muchos, igual evidente es que siguen generando grandes traumas de distintas magnitudes a todos los sectores.

Los conflictos hegemónicos generalmente surgen a partir de la falta de lo que se conoce como *elementos probatorios*, los cual es típico del ambiente judicial, y de hecho: el ambiente judicial, las tertulias ideológicas y de los diferentes criterios de la *dialéctica*, tienen mucho en común, y hasta podría decirse que todas persiguen un *fin común*, pero genéricamente diremos que todas ellas representan **secuencias de la ciencia**, solo que algunas efectivamente son analizadas bajo el rigor científico, mientras que otras, para nada acuden al rigor científico, ni a alguna aproximación a este, pero eso no les resta que efectivamente representan una secuencia de la ciencia, este factor por motivo de su propia esencia, genera parámetros irrefutables, sobre todo cuando se vale de las matemáticas, aunque en realidad las matemáticas siempre están presente en la ciencia, de manera directa o indirecta.

Dentro de la secuencia científica también se encuentra la *fase experimental*, pero el factor experimental no siempre opera bajo rigor científico, a tal efecto: digamos que incluso puede formar parte de la cotidianidad operativa del ser humano, lo cual es como decir que *todo lo que ocurre o se hace tiene criterio experimental*; estos parámetros experimentales, por tanto: aplican igualmente a la operatividad gubernamental y por consiguiente: a la economía y al capitalismo, y en base a esto diremos que resulta un grave error estratégico: si dada la importancia de la gobernabilidad, las operatividades y toma de decisiones, no se hagan con el mayor rigor científico, sobre todo las mas importantes, como la forma de gobierno en si y la mayoría de sus parámetros, y en realidad cometer este grave error es algo que ocurre incluso cotidianamente.

Este hecho brinda grandes posibilidades de ataques oportunistas a los *hábiles estafadores* de todo tipo, incluyendo al cinismo político, que no teniendo ellos capacidad de competir contra los operadores el mayor rigor científico, procuran enredar el ambiente o valerse de los enredos existentes, para generar el trauma a que haya lugar, en muchos casos a costa de la muerte de miles o millones de seres humanos, y perdidas materiales y morales incalculables e irreparables. En el ambiente científico: *lo mas lógico* es que una vez establecida una teoría: se proceda luego a una investigación mediante un pequeño muestreo que resulte representativo de un universo tipo a investigar, y que según las conclusiones de la investigación o elementos probatorios que surjan del caso, se vaya expandiendo la fase experimental hacia un universo cada vez mayor, según la solvencia o factibilidad de las conclusiones obtenidas.

Esta operatividad permite ir implementando los criterios de la teoría inicial, en caso que con los elementos probatorios se demuestre su factibilidad, o permite desechar los criterios de la teoría inicial en caso que se descubran elementos probatorias que indiquen algunas inconveniencias sustanciales. Pero, resulta evidente que la gran mayoría de los operadores políticos, pocas veces se guían mediante el rigor científico, e implementan planes según lo que resulte ser el criterio mayoritario absoluto o relativo de algunos operadores, trayendo como consecuencia los traumas que la falta de precisión puede generar, y la magnitud de tales traumas se generan en medida de las imperfecciones o a veces aberraciones existentes, tanto en los ideales políticos, como en las operatividades generales. En ocasiones, las decisiones efectivamente son tomadas en base al rigor científico, pero esto casi siempre ocurre para los casos singulares de operatividad científica, pero no para operatividad genérica.

El factor ciencia arroja un resultado único e irrefutable, no así los factores difusos, los cuales pueden arrojar resultados incontables en algunos casos, una muestra de esto puede observarse en algunos *foros de la internet*, donde se procura imponer un criterio propio mas que un criterio único, incluso a veces en la búsqueda de un fin único, en estos casos: hasta la dialéctica misma de pierde de vista, pero no así la tertulia, cuyo objetivo único parece ser dedicarse a simplemente pasar el tiempo y la del tal vez a reafirmar personalidades y conductas, aun así: los destinos nacionales, terminan siendo definidos por la tertulia, pero no por motivo de razones irrefutables, sino por el azar de un resultado mayoritario en una elección como factor supremo de razón o conveniencia propia, donde quiérase o no, por ser esto un factor desordenado, tarde o temprano termina degenerándose, lo cual no ocurre así, cuando las decisiones son tomadas en base a los criterios de máxima lógica arrojados por la ciencia.

No obstante, si por un lado se estaría operando ajustado al rigor científico, y por otro en base a factores difusos, puede ocurrir que se impongan los factores difusos degenerando a los factores científicos, o estos depurando a los factores difusos, y obviamente lo mas lógico sería que finalmente la operatividad global sea delineada por el rigor científico, y efectivamente en ocasiones los factores *pro científico*, son quienes se imponen en una elección de mayoría genérica, y ello es lo que ha permitido los mayores parámetros de progreso en los países desarrollados, y en vías de desarrollo, pero la operatividad selectiva se hace en base al factor de mayoría genérica, y tal es el orden establecido, pero no el de rigor científico, por tanto:

lo mas lógico es que el orden establecido, aplique exclusivamente para la escogencia y selectividad gubernamental en base al rigor científico.

En este aspecto es bueno tener presente que la operatividad que realiza el ser humano, no siempre es fundamentalmente en base a la razón, sino que a veces es mas fundamental una operatividad motivada por otros factores como el **hambre** y o la **ambici**ón, principalmente de poder y riquezas, y este tipo de factores posee mucho poder de engaño a nivel de dirigentes y de seguidores, tanto es así: que la escuela de la dialéctica: prácticamente esta orientada a la captación y adoctrinamiento cómplice de los factores rezagados, por ser mas fáciles de manipular y por ser mas numerosos que los eficientes del intelecto, y del liderazgo socioeconómico, y claro esta, tal captación no la hacen en forma evidente sino subliminal, pero aun así, sobran los elementos probatorios, donde se demuestra la complicidad de unos y la falsedad de otros.

Buena parte de los izquierdistas ideólogos de la dialéctica, plantean que la operatividad humana representa una lucha de clases, donde quienes tienen poder económico, no son otra cosa que lo que aquí llamamos capitalistas crueles, y que los factores socioeconómicamente rezagados, viven o han vivido en tal condición: no como producto de sus derroteros y las circunstancias, sino por motivo la opresión, despojo, y exclusión, infringida por los factores del liderazgo económico, y en realidad en parte tienen razón, pues sobran los elementos probatorios, para demostrar que en muchos casos efectivamente es así, pero que en realidad, tal dialéctica, esta plagada de mentiras y falsedades, que entre otras, pueden mencionarse:

A- Ha influido mucho en el rezago socioeconómico, los derroteros y las maldades de estos mismos.

B- Igualmente es falso que en esencia, la operatividad socioeconómica humana esta basada en una lucha de clases, pues en realidad, tal operatividad forma parte de una escala gradual, donde los vectores de separación y conflicto lo colocan son los factores sectarios, tanto de derecha como de izquierda.

C- Es totalmente falso que todo el que disfruta prosperidad económica, sea un capitalista cruel o cómplice de estos, pues en realidad sobran las personas adineradas que operan dentro los márgenes regenerativos del capitalismo, y que también practican la caridad y la filantropía.

D- Es falso que todos los individuos socioeconómicamente rezagados son incapaces de "romper un plato y matar una mosca", pues sobran los elementos probatorios donde queda demostrado plenamente que no solo pueden romper una vajilla completa, sino que también pueden asesinar a millones de seres humanos, por ellos mismos, en complicidad o aceptan y celebran que se haga en función de ellos.

E- Sobran lo elementos de convicción mediante los cuales se demuestra que la motivación real de los ideólogos de la dialéctica de, es la envida que sentían por el lujo, las comodidades y el poder de los capitalistas crueles de la derecha, y que el supuesto amor a los rezagados no era mas que una coartada para conseguir sus objetivos, y para lo cual tenían que someter a estos mismos a todo tipo de penurias.

Los dialecticos izquierdistas consideran que nadie debe producir más allá de niveles de miseria, pues cualquier tipo de excedente sobre ese nivel, lo convertiría en un capitalista cruel que les estaría robando ese excedente a los pobres, y que por tanto: no solo, nadie debe producir en exceso, sino que por aun, nadie debe producir por cuenta propia, proponiendo o mejor dicho: imponiendo como única solución: que la producción debe estar totalmente en manos del estado, lo que haría que *"el pueblo"* sería el propietario, lo cual no es otra cosa que decir, que la producción solo pueden manejarla en forma de monopolio de estado por los capitalista crueles del izquierdismo.

En este aspecto puede decirse que en apariencia, para los capitalistas crueles del izquierdismo, lo verdaderamente cruel es la propiedad de los medios de producción, pero no así el ego, la lujuria y el poder que genera manejar tales medios, y sobre todo el morbo que se genera cuando se maneja como propio algo que no se forjo, lo que hace que a veces se cuiden de aparentar estar desprovisto de la posesión privada de algún medio de producción y de algunos bienes de gran valor, cuando en realidad sobran los elementos probatorios donde se demuestra que si acumulan patrimonio particular a nombre de ellos, o a través de la figura de los *testaferros*, incluyendo en esto, a fortunas en *cuentas secretas*.

Uno de los factores que más motiva a los capitalistas crueles del izquierdismo, lo representa, lo llamativo que resulta apoderarse del poder y los medios de producción ajenos, valiéndose de *simples artimañas ideológicas*, lo que hace que igualmente resulte muy irónico lo despistados que han sido hasta ahora los factores del ideal de centro y de derecha, pues existiendo sobrados motivos contextuales y de echo, que le otorgan criterio

84

absoluto a la libertad y al manejo privado del capital, aun existen lagunas sobe el conocimiento de tales motivos y hechos, igualmente resulta irónico que estando fácilmente disponibles los correctivos necesarios, les resulta utópico acceder a ellos, pero no por imposibilidad sino por ironía.

En realidad todo el factor ideológico es sumamente irónico, por motivo de lo extremadamente sencillo que resultan las soluciones a los enredos contextuales, y por lo tremendamente difícil que hasta ahora ha resultado conseguirlos, y el colmo de las miserias humanas sería que unas ves disponibles las soluciones, se renieguen de ellas, y en realidad casi toda la operatividad humana es así, llena de enredos y confusiones de todo tipo, donde conseguir las eventuales soluciones a veces lucen muy difíciles, otras utópicas y otra imposibles, pero una vez conseguidas esas soluciones, igual resulta muy fácil, aceptarlas, a veces resulta utópico y otra imposibles, pero lo que si resulta muy generalizado, es que una vez establecidas la soluciones, sobran quienes digan que ellos igual las hubiesen conseguido, que ¿quien no hubiera descubierto eso?, que descubrir eso no tiene ciencia, etc.

Puede decirse que cualquier individuo que tenga planeado forjar un patrimonio cultural, moral y económico entre otros, y no tome en consideración todos los parámetros preventivos y correctivos con respecto a las amenazas de los capitalistas crueles, prácticamente estaría forjando dicho patrimonio para estos, pero no para si, ni sus legítimos herederos consanguíneos, sobre todo si dicho forjador no estuviese dispuesto a *jugarse el todo por el todo*, en caso de peligro inminente, en este caso dicho individuo estaría forjando su patrimonio para que vaya a dar a manos de *neo bastardos crueles*, o sea: de individuos que no teniendo ningún parentesco de consanguinidad o afinidad con el propietario, procuran valerse de *subterfugios leguleyos* para apropiarse de un patrimonio o herencia ajena, y esto incluye a los llamados **cazafortunas** que hacen vida donde quiera que haya dinero, a estos factores igual se les pude neutralizar mediante una rígida política de sesión o sucesión patrimonial orientada solo a los factores consanguíneos, tanto en vida, como una vez fallecidos.

Tanto los **neo bastardos crueles**, como su variante de los **cazafortunas**, los capitalistas crueles y los delincuentes comunes, y toda suerte de oportunista, actúan como las **ratas**, o sea: como esos pequeños roedores que pululan por algunas viviendas y que nos les importan robar los alimentos de las familias de esos hogares, incluyendo la de recién nacidos, con tal de procurar ellos llevar alimentos a sus crías y a ellas mismas, y en estos casos, tanto la **mama rata** con las **ratoncitos hijos**, se desbordan en felicidad por haberse **llenado la panza**, sin importarles los traumas causados en los hogares **siniestrados por el robo**, estos roedores actúan sin conciencia del daño causado, pero no así los oportunista, ya que por el contrario, en ocasiones actúan con gran conocimiento del daño causado y eso les llena de morbo y complacencia.

Aun así, los liderazgos extremistas, tanto de izquierda como de derecha, procuran entrenar a sus semejantes conduciéndolos hacia elevados parámetros de falta de piedad, de modo que se les resulte muy difícil sentir algún remordimiento por la maldad que causan, y al mismo tiempo sientan gran afición por la maldad, siendo los mas comunes, un gusto patológico por la mentira, y una vez involucrados o convencidos de ser perversos, entonces comienza a funcionar la **ley del hampa**, lo que les hace esclavos de los *jerarcas del hampa*. Ambos factores, también se valen de técnicas tradicionales de entrenamiento militar donde se enseña a perder el miedo a morir y a matar.

En el extremismo de derecha, el entrenamiento de crueldad consiste, y o consistía en hacerles sentir que el alto nivel socioeconómico que disponen, la "privilegiada" raza a la que pertenecen, y algunos que otros factores de distinción y prestigio, les resulta motivo suficiente para doblegar a los factores tenidos por débiles según el orden establecido, y que lo mas recomendable es tratar con dureza a esos débiles y rezagados, pues de lo contrario se convertirían en respondones, es mas: hacen ver que a esa gente les gusta es que los traten así, con dureza, de lo contrario: no reconocen autoridad alguna. Dentro de los factores de distinción y prestigio, salen a relucir: aparte del poder social y económico, el racial, también el político de su lado, fuertes nexos con el religioso, aparte de titularidades nobiliarias y académicas; casi todos estos factores de poder, actúan de manera inherente: y en el ambiente socioeconómico conformaban la llamada *burguesía*, y en lo político y religioso: *la oligarquía*, o gobierno de unos pocos.

En el extremismo de izquierda, el entrenamiento de crueldad, prácticamente consiste en promover algunos parámetros de la *antítesis del ideal de derecha*, pero cuidando de ser iguales o peor de crueles, pero casi siempre enmarcado dentro de dos vertientes: una de *marginalidad revanchista*, y otra de *honorabilidad suprema*. Mediante la *marginalidad revanchista*, se procura una reivindicación por motivo de los traumas sufridos a consecuencia de los ataques hegemónicos de la crueldad de derecha, de esta forma utilizan los términos *inclusión, participación, igualdad, libertad,*

87

etc.: para penetrar o erradicar todos los sectores donde real o supuestamente hubo *exclusión, imposibilidad de participación, desigualdad, esclavitud, opresión, tiranía*, etc. Pero lo más notorio de todo esto, es la crueldad con la que actúan, donde los principios de perdón, piedad, humanidad y consideración, parecieran no existir.

Mediante la *honorabilidad suprema*, se procura el entrenamiento en crueldad, procurando monopolizar para ellos, todos lo que sea sinónimo de virtud y honor, sobre todo alrededor del principal líder de la causa y o revolución, en esto se procura hace énfasis, en una especie de *halo sagrado e inmaculado* del tal líder, supuestamente incapaz de cometer error alguno, tanto para hacer cosas buenas, como para evitar cometer las malas, también se le presenta como un *liberador* de ese pueblo oprimido, que le resultaba imposible zafarse de la opresión esclavista, y como *conocedor único* de todo lo que convendría o no al *pueblo*, bien sea este termino como entidad nacional o como sector rezagado, y sobre todo que: respecto a un líder de tal naturaleza, habría que hasta dar la vida para defenderlo si fuese necesario, pues no existe ni existirá otro líder tal grande y perfecto como ese, aunque la mas de la veces procuran es quitarle la vida sin el menor remordimiento a quienes disientan de ellos.

Resulta común que ambos sectores de derecha e izquierda, se valgan de un *factor "justificativo"*, que resulte muy emblemático como *mascaron de proa* o *bandera de guerra*, mediante el cual liderar el ataque: en el caso de la derecha, el factor justificativo iba representado a menudo, por el derecho de conquista, la gloria imperial, la supremacía socioeconómica y racial, el prestigio militar, etc., mientras que el factor justificativo de la izquierda a menudo iba o va representada por, la libertad, la liberación, la revolución, la igualdad, la inclusión, el nacionalismo, etc.,. También se hacen eco de algunas figuras de honor como la dignidad, tal como en los casos donde buena parte de la lucha, estaría centrada en expulsar a factores foranes que tendrían convertida a la nación en un prostíbulo, etc.

Tras todo este *embrujo truculento*, se esconde lo que en realidad procuran tanto los dirigentes capitalistas cueles como los *neo bastardos* seguidores: y no es otra cosa que puras y simples coartadas para *apropiarse de la nación entera*, a costa de cualquier precio en perdida de vidas humanas y bienes materiales, y al menos sobran los elementos probatorios que permiten afirmar sin lugar a dudas, que buena parte del legado dejado y que aun pretende dejar el ideal izquierdista, es un legado de muerte, odio, robo y dolor.

Otro de los errores cometidos por los dialecticos de izquierda, lo representa el hecho de imaginar que las *maravillas creativas* y *productivas* que observaron en los capitalistas de centro y de derecha, podrían seguir sucediéndose con el capitalismo de estado, y esto representa una terrible falta de perspectiva y de conocimiento de las condiciones naturales del individuo y de la *conducta desarrolladla* humana, pues el individuo humano con sus raras excepciones, tiene por naturaleza procurar sacar el mayor provecho posible de lo que le es propio; y una vez que el factor capitalista alcanzó vida propia, las condiciones naturales del individuo comenzaron a reafirmarse, orientándose hacia la posibilidad de alcanzar los mayores beneficios económicos para si, mediante la explotación de cualquier factor que se pueda capitalizar, siendo entre los mas exitosos, aquellos que representen una novedad de uso masivo, y atributos físicos sobresalientes.

Los factores novedosos poseen mucha inherencia, pues aparte de la novedad en si del tal o cual factor capitalizable, casi siempre generan parámetros donde se necesita una concesión o permiso de uso por parte de terceros factores, y de estos: quienes consiguen la primicia en tales concesiones, también representan junto con el innovador inicial, otro factor que resulta típico que alcancen gran liderazgo socioeconómico, y puede decirse sin caer en ultranza, que la gran mayoría de los concesionarios, poseen el don de hacer dinero de manera inicial y o de hacerlo rendir, mientras que el innovador del factor capitalizable, generalmente posee el don de la inteligencia como factor hegemónico fuerte, y el don del dinero como factor inherente.

Si no existiese un gran horizonte de posibilidades económicas, a la inteligencia innovadora, no le sería atractivo innovar, si el fruto de su trabajo no le generaría el caudal económico que obtendría mediante la capitalización libre, hace que la inteligencia innovadora en los ambientes de capitalismo de libre mercado, sea en extremo abundante, en calidad y cantidad, lo que ha permitido los grandes parámetros de desarrollo que se observan en los países donde conviven ambos factores, y mejor aun, si también existe un régimen gubernamental de centro, salvo el caso de China, que ha comenzado a tener problemas por tener un régimen gubernamental izquierdista.

La *oferta capitalista* no motiva solo a las inteligencias innovadoras, sino también a casi todo tipo de individuo, tanto es así: que el gran sueño de casi todo individuo pobre, es llegar a ser rico algún día, o por lo menor asegurarse un nivel económico que lo mantenga alejado de las calamidades que generalmente rodean a la pobreza, por lo que los capitalistas crueles de izquierdismo: no hacen mas que **truncar el sueño de bienestar de los pobres**, al coartarles las posibilidades de vivir en un ambiente de capitalismo de libre mercado, trabajando o invirtiendo, en cambio: los dirigentes del izquierdismo, si se erogan para ellos, la exclusividad de llevar una vida llena de poder, comodidades, riquezas, seguridad, adulaciones, etc.

Los factores izquierdistas reprochaban la inteligencia innovadora calificándola de inhumana y que solo busca lo que ellos llaman **el cochino dinero**, pero la inteligencia innovadora les hiso caso omiso, tanto por la sobrada solvencia que representa el capitalismo de libre mercado, como por saber que los izquierdistas solo reprochaban lo que en realidad preferían exclusivamente para ellos, que no era otra cosas que el **cochino dinero**, a cambio de migajas para los innovadores. Los factores de derecha, si se quiere: eran amantes de la inteligencia innovadora, y generalmente estaban dispuestos a pagar casi cualquier precio por tener acceso a las innovaciones tanto en ciencia como en arte, pero finalmente los innovadores prefirieron renegar de estos, por la crueldad hacia los factores rezagados, y porque consideraron que **lo mas lógico** era que ellos mismos asumieran el control de sus novedades.

Una vez que los inteligentes innovadores asumieron ser amos y señores de casi todo el proceso de capitalización de sus innovaciones: lo hacían, ello ha permitido que por ejemplo: la gran mayoría de las corporaciones de capital privado, esté en manos de los innovadores y o derechohabientes del factor capitalizable al que pertenecen o explotan; esto permite un elevado nivel y calidad de vida *del pueblo*, pero aun así: los lideres de la inteligencia innovadora cometieron un descuido o *lapsus estratégico,* al volcar casi todo sus capacidad operativa, en incentivar el desarrollo socioeconómico y tecnológico, descuidando severamente el factor ideológico, mientras simultáneamente permanecía el *asedio de los factores de izquierda*, esto ha originado que en el presente, muchos grupos corporativos y capitalistas de indistinta importancia, hayan sido despojados de sus patrimonio por los *capitalistas crueles de la izquierda* junto a sus secuaces: las *ratas del neo bastardismo cruel*.

Los capitalistas crueles del izquierdismo, junto a las ratas neobastardas crueles, están casi en igualdad numérica que los ciudadanos de orden, pero por motivo de ataques violentos y de engaños, en algunos casos los izquierdistas consiguen mayoría en una elecciones tipo democrática y casi siempre en una correlación 60% a 40%, este hecho ha permitido la proliferación de una importante presencia de factores izquierdistas en varios lugares del mundo, principalmente en América Latina, donde han sido severamente afectados nos solo estos de manera directa, sino también indirectamente países con gobiernos de centro y capitalismo de libre mercado, y tanto a naciones grandes y poderosas como a naciones pequeñas; en estos casos, los traumas se generan a través de ataques económicos, principalmente de expropiaciones, nacionalizaciones y extorsiones energéticas, junto con ataques de ignominia, etc. Y digamos que todo esto ocurre: por la aberración de seguir aceptando al mero *factor cuantitativo*, discriminado al *factor cualitativo*, para decidir los destinos de cada nación.

En resumen podemos decir que buena parte de la operatividad humana está basada en una correlación de ataques y contraataques, generados todos ellos, a partir de distintos niveles de perfecciones e imperfecciones, y de distintas motivaciones, siendo las mas comunes, las de deseos, necesidades y las circunstancias, donde, si las soluciones o definiciones arrojan resultados favores hacia una correlación armónica, entonces la tendencia de tales operadores es hacia la perfección y en la medida de la potencia de los operadores y de los diferentes parámetros de deliberación que entran en juego, en cambio: si los resultados van en contra de una correlación armónica, entonces la tendencia de estos operadores es hacia la imperfección.

Indistintamente de los factores ataque y contraataque, existen dos factores o polos únicos que envuelven a todos los demás, los cuales son *el bien y el mal*, donde la regencia la tiene *el bien*, y actuando en su misma esencia, y el polo contrario o enemigo, lo representa *el mal*, generalmente actuando de manera furtiva como si fuera el bien, valiéndose de lo que llamamos *intelectualidad de la derrota*, y salvo algunas ocasiones como las de delincuencia común y otras, el mal se presenta como tal y en su propia esencia, o sea, tales malvados procuran dejar sentado que están actuando como perversos, y en base a tales parámetros de perversidad presentan sus demandas. En ocasiones el bien actúa como si fuese el mal, pero en forma relativa, tal es el caso de la *inteligencia discreta*, en este acaso el *agente de inteligencia* se infiltra entres factores perversos como si fuese parte de ellos, pero en realidad, tal operatividad tiene es como objetivo combatirlos en función del bien.

Igualmente factores que generalmente practican el bien o tienen el deseo de hacerlo, se ven involucrados en imprudencias incidentales, accidentes o manejan erróneamente el contexto del bien, y de alguna u otra forma les hace practicar parámetros del mal, y en casi todos estos casos aplicarían parámetros de indulgencia, según el *contexto absoluto del bie*n, pero no siempre según el orden establecido o el simple parecer de algunos, y menos aun para la *rigurosidad legal del sistema*, el cual contempla incluso la *pena capital* para algunos tipos de imprudencias u omisiones, y de todos estos, el mas significativo es el manejo erróneo o incompleto del contexto bel bien, pues generalmente se manejan cualquiera de su tres parámetros, pero en forma separada y sin la correcta jerarquía de ellos, siendo el primero y de máxima jerarquía:

1 - *Practicar exclusivamente el bien, sin incidencia directa o decisiva del mal*.

2 - *No practica el mal*. Esto también es una forma de practicar el bien, pero se toman en consideración de una forma directa y decisiva, parámetros del mal que deben evitarse en función del bien, y en este caso no necesariamente existen parámetros de ataque del bien ni contraataque del mal, sino parámetros que podrían inducir en *tentaciones* que generen una desviación de lo que es bueno y caer en lo que es malo, por lo que este parámetro igual pude definirse como el de *no caer en tentaciones*.

3 - *Combatir al mal*. En este caso se practica el bien, contractando incluso en forma preventiva si fuese el caso, a los ataques del mal. El bien no es un factor atacante, y cuando parece atacar, es por imperfección, pero no por

esencia del contexto del bien, en esto ultimo ocurre casi igual con el mal, pues cuando aparentemente hace algo bueno, es por motivos involuntarios o procurando algún engaño. En todo caso: los contextos son absolutos como tales, pero no necesariamente los individuos que practiquen uno u otro factor, ya que por **motivos humanos**, les resulta prácticamente imposible, tener el compendio completo de la infinidad de parámetros que aplican en cada caso, lo que hace que el *estatus* de cada individuo, aplique mediante *escrutinio* entre el bien y el mal que eventualmente practican y la magnitud del bien o mal que habría en ello.

Todos estos tres parámetros conforman un solo contexto, pero comúnmente, por desconocimiento, se maneja solo uno de ellos como contexto del bien, e igualmente se manejan los mas disimiles conceptos como definición del bien, pero tales definiciones en realidad son inherentes al bien y por tanto: relativos a los tres parámetros absolutos que conforman el contexto único del bien; es bueno también tener presente que el contexto del bien no aplica solo en los tres parámetros como tal, sino también en la jerarquía de cada uno de ellos, los cuales aplican según el orden ofrecido, y teniendo presente que finalmente solo quedaría operativo en su totalidad el primero, o sea, el de hacer exclusivamente el bien, mientras que los otros dos, seguirán manteniendo su cualidad de absolutos, pero a muy bajo perfil operativo, por motivo de la erradicación del mal a su mínima expresión, al menos en el *actual sistema de cosas*.

- Motivado a lo muy extensa y en muchos casos difusa bibliografía; se hace prácticamente imposible citarlas a todas, en todo caso: podrían incluirse en futuras ediciones aquellas referencias que a común acuerdo apliquen como factibles y o necesarias. Aun así merece especial mención el libro del mismo autor: La Máxima Lógica, copyright 2007.

www.ingramcontent.com/pod-product-compliance
Lightning Source LLC
Chambersburg PA
CBHW081840280526
45789CB00007B/2518